人生後半の幸福論

50のチェックリストで自分を見直す

齋藤孝

光文社新書

はじめに

100歳まで生きることが、夢物語ではなくなってきました。

厚生労働省が発表した2017年の調査では、日本において100歳以上の方はいまや6万人強。国立社会保障・人口問題研究所の推計では、2050年には100歳以上の方が53万2000人に上ると予測されています。

「人生100年時代」という言葉が広まるきっかけにもなった『ライフ・シフト　100年時代の人生戦略』（リンダ・グラットン、アンドリュー・スコット著、池村千秋訳、東洋経済新報社）によれば、「今20歳の人は100歳以上、40歳以上の人は95歳以上、60歳の人は90歳以上生きる確率が半分以上ある」といいます。

「老後」より「余生」より、大事なのは「幸せの感じ方」

人類がいまだ経験したことのない長寿社会の到来――。なかでも日本はその先頭を走っています。お手本にすべき「先例」のない新たな時代を迎えているのです。

働き方にもパラダイム変化が生じています。

60〜65歳で定年を迎えても、そこからの人生が30〜40年ほどもあります。「定年を迎えたら、後はのんびり過ごす」という生き方は、もはや現実にそぐわなくなりました。60代からを「老後」と呼ぶには早すぎますし、「余生」と言うには長すぎます。

人生が100年近くも続くということを前提にして生きていなかった時代から、明らかにそれを意識しなければいけない時代へと変わりました。

本来、「人生をどう生きるか」というのは思春期から青春期の若者たちがテーマとする問いでしたが、成熟した大人たちの間であらためて「人生をどう生きるか」ということを考え直さざるを得なくなったのです。

雑誌やネットでよく「老後資金としていくら必要か」といった記事を見かけます。もちろんお金の問題は避けては通れないことですが、はたしてそれがいちばん大事な問題でしょうか。

それ以前に大事なのは、「自分はどういう生き方をすることで幸せを感じられるか」という価値観の再確認ではないかと私は思っています。

老後のためのお金がたくさんあれば絶対に幸せだというものでもないですし、ただ長く生きればいいというものでもありません。肝心なことは、自分は何があれば幸せなのか、何を大切にして生きていきたいのか——そこです。

価値観は、年齢的なものでも変わってきます。40代くらいまでは、仕事や子育てに追われて忙しい毎日を過ごしています。その時期には、仕事で何を成すかとか、家族をいかに守り養うかということに価値を置くことになります。

しかし50歳前後になると、仕事における自分の立ち位置も変わってくる、子どもが成長して家族のかたちも変わる、健康問題が生じるなど、さまざまな面で変化が起きてきます。価値を感じるものも自ずと変わってきます。

人生後半、私たちはどう生きるか

この本で私が提案するのは、人生の折り返し地点である50歳前後になったら、自分の生き方を見つめ直してみよう、ということです。

１００年生きるという新たな可能性を踏まえつつ、あらためて「人生後半に自分が求めるものは何か」を考えてみる。自分の人生後半の「芯」になるものを確かめ、軌道修正をするのです。

それには、現在の自分と、これから自分が目指していくところ、両方がクリアになっていなければなりません。

そこで、自分自身を見直すきっかけにしていただくために、第2章に、50のチェックリストを用意しました。質問に答えながら、自分の価値観、ものの考え方の根幹にあるものを再認識し、自分を知るヒントにしていただけたらと思っています。

人生の軌道修正というものは、短いスパンで一気にできてしまうものではないでしょう。50年の年月をかけて今の自分があるわけですから、シフトするのにも時間を要するのは当たり前です。アラフィフでまず自分を見直し、「自分はどうなっていきたいのか」「どう生きたいのか」を見据えたら、そこからじっくりそういう自分になっていけばいいのです。

大事なのは、自分が価値を感じるものをいかに大事にして暮らしていけるかです。それが、人生後半を幸せに導く最大要素だと私は思います。

50代以降のいいところは、他の人との比較競争によって幸せが左右されることがだんだんなくなり、自分自身の価値観でいくらでも幸せを得られる領域に入っていくことです。そういう意味では、自分を主体にして本当に人生を味わえるようになるのは、まさにここからかもしれません。

私は現在57歳です。私もまた、人生後半の見直しと軌道修正のただ中にいます。

楽しく、笑顔で、充実した人生後半を生きていくために、今から何をしたらいいのか。一緒に考えていきましょう。

人生後半の幸福論

目次

第1章

人生100年時代を生き抜く技法

転換期に直面したあなたへ

50代に入ると、人生の節目を意識するようなさまざまな変化が起こります。

会社勤めをしている人からよく聞くのは、役職定年や配置転換、あるいは出向・転籍など、仕事における環境の変化です。

張り合いがあった第一線の仕事から外れることになったとか、役職の肩書がなくなって給料も減り、元部下の指示を受けるような立場になったとか、転籍含みの出向の打診とか、これまでと同じ待遇で同じ仕事を続けることが難しくなってくるというのです。

ボードメンバー（役員）入りを目指してずっと頑張ってきたけれど、どうも自分にはその芽がないことがわかり、「上がり」が見えてきたといった人もいます。

そのまま黙って会社に従うのか。

あるいは別の道に船出する決断をするのか。

最近は、早期退職制度を導入している企業も増えています。そういう選択も含めて、今後の働き方をどうするのか。定年までにはまだ時間がありますが、そろそろ真剣に考える必要が出てきます。

家庭においても、子どもが進学や就職で親元を離れる年齢を迎え、ひとり暮らしを始めたり、結婚したり、それぞれの道を歩みはじめて家族の関係性にも変化が訪れます。夫婦の関係にも変化が生じ、なかには熟年離婚にいたるようなケースもあります。また、高齢になった親の介護といった問題も抱えるようになります。親族の誰がそれを担《にな》うのか、仕事とのやり繰りはどうするのか。その先には、看取《みと》りと向き合うという状況も待ち構えています。

自分自身の健康問題にも、何かしら問題が出てきます。経年変化として致し方ない問題もあれば、生活習慣病などしっかりした健康管理が必要になることもあります。あるいはまた、思いがけない病気に見舞われるといったこともあります。

私も、40代半ばに体調を崩して入院することになってしまいました。

自分では無理をしている意識はなかったのですが、いただいたオファーを片っ端から受けたいと思って予定を詰め込みすぎ、オーバーペース状態が続いた結果でした。これではいけないと、そこで仕事のペース配分を考え直しました。

50歳前後は、いろいろな面での転換期。

「アラフィフ・クライシス」とでもいうべきことが次々と襲ってきます。

そういうなかで、「自分はこれからどう生きていったらいいのか」という問いが、若いころとはまた違ったものとして身に迫ってくるようになるのです。

30代の「幸福」と50代の「幸福」は違うもの

スポーツ好きな私は、サッカーの試合は欧州リーグもチェックしています。強豪チームの強さの秘訣、いい監督の力量がどこで出るかというと、ハーフタイムでの戦略の立て直し方です。

前半の戦いぶりを見て、いいところ、よくないところを冷静に分析し、後半の戦い方を考え直す。調整力に長《た》けた監督は、ハーフタイムに選手に的確な指示を与え、効果的な選手交代を行います。

前半が絶好調だったからといって、後半もそのままの勢いでいけるかというと、なかなかそうはいきません。ちょっとしたことで一気に流れが変わることもあります。前半とは打って変わった健闘ぶりを見せて、大逆転が起きることもあります。最後に笑顔になれるのは、「ハーフタイム力」のしっかりしているチームです。

50歳という人生の折り返し地点で自分を見つめ直し、軌道修正することは、ハーフタイムで戦略の立て直しをすることと似ています。

ここまでの人生が、けっこう順風満帆に推移してきたという人も、うまくいかないことばかりだったという人も、終わった前半戦にこだわるのではなく、これから立ち向かう後半戦に向けて、気持ちを切り替える。人生のハーフタイムでリセットしましょう。

リセットといっても、すべてを一新してゼロから新たな生き方を始めるわけではなく、これまでの自分の経験、実績、志向性などの蓄積のもとに、今後をどう生きるかを考え直すのです。

若いころに比べると、エネルギー値も若干落ちてきて、減速期に入っていることは否めないでしょうが、その分、この年齢になったからこその柔軟な対応力や深い思考力が備わっています。

自分自身の見直し作業をすることは、年月を重ねるなかで自分が獲得してきた資質を再発見、再確認することにもなるはずです。

20代、30代の頃に思い描いていた「幸福」と、50代になって考える「幸福」は、当然変わっています。それに気づくことが、リセットを成功させるかどうかのカギになるのです。

隣の芝生の青さを気にするのではなく、自分なりの幸福観を見出《みいだ》せると、人生後半は楽しく、豊かなものになっていきます。

100年時代の人生を4つに分けて考える

人生が100年続くと考えるならば、ライフステージもこれまでとは違うとらえ方が必要になるでしょう。私は大きく4分割して考えてみることにしました（25ページ図表1）。

第1期　生まれてから25歳まで……成育期

親や社会から庇護《ひご》を受けて育つ時期です。20歳になっても学生であるうちは未成年の延長のような状況が継続します。いまは、自立した大人としての自覚が身につくのが昔よりも遅い傾向にありますので、社会人としての自覚や落ち着きが備わって一人前の大人といえるようになるのは、だいたい25歳くらいからでしょう。

第2期　25歳から50歳まで……活性期

社会を活性化させていく中心層、重要な働き手となる時代です。経験と実績により社会的な立場も上がっていきます。ひとつの会社で働きつづける人ばかりではなく、転職してキャリアを積んだり、独立・起業したりと働き方も多彩になっています。また、結婚しない人も増えていますが、結婚して子どもを産み育てる時期でもあります。

第3期　50歳から75歳まで……円熟期（黄金期）

人生の折り返し地点を迎え、仕事でも家庭でも人生の節目となる変化があります。組織のリーダーとして活躍していた人も、定年を迎えます。出世や収入といった尺度が、以前ほど重要ではなくなります。子どもを育てた場合、子どもが独り立ちする年齢となり、結婚したり孫が誕生したりして、家族もひとサイクルする時期でもあります。

第4期　75歳以降……自由期

社会人として果たすべき責任や義務を完遂してきて、この年齢を迎えます。ここからは老後、余生として自由に過ごす時代といえます。もちろん、死ぬまで現役で働きたい人は働きつづければいいですし、それぞれの価値観のもと、残りの時間を楽しく生きるのが望ましいです。

図表１　人生を４分割し、25年単位で考える

100歳

第４期　自由期（25年）

・本当の「余生」を過ごす時期
・果たすべき責任も義務も完遂した
・残りの時間と折り合いをつけ、楽しく過ごす

75歳

第３期　円熟期（黄金期）（25年）

・子育ても仕事も一段落ついた時期
・他人との比較競争（出世、収入など）で幸せが左右されなくなる
・だからこそ自分自身の価値観に即した生き方ができる
・人生を豊かにするための「収穫」の時間だと考える
・これからの時代の「人生の黄金期」は、この25年！

50歳

第２期　活性期（25年）

・社会を動かす中心的存在になる時期
・働き手としてキャリアを積む
・親として、子どもを育てる
・これまで「人生の黄金期」と考えられてきたが…

25歳

第１期　成育期（25年）

・学生〜社会人になりはじめの時期
・親や社会から守られている
・一人前になるまでの準備期間
・自覚や落ち着きを身につける

０歳

75歳以降が第4期というと、「そこからそんなに長くないよ」と思われるかもしれませんが、長生きの期待も込めてこのように設定しました。ポイントは、75歳までは自分から老け込まないようにするということです。

第3期は「収穫」の時期

人生を4つのライフサイクルで分ける考え方は、古くからありました。

五木寛之さんがよく書かれることで知られるようになったのが、古代インドの思想に基づいた「学生期《がくしょうき》」「家住期《かじゅうき》」「林住期《りんじゅうき》」「遊行期《ゆぎょうき》」という分類です。

まず勉強する時期「学生期」があり、次に職に就《つ》いて生計を立て、家庭を育《はぐく》み、財を成す「家住期」がある。その先はヒンドゥー教ならではの処世観なのですが、俗世と離れて自然の中に身を置く「林住期」、そして魂の解脱を求めて行脚する「遊行期」にいたるという考え方です。

五木さんはこの4つの段階を、うまく現代の日本人向けに解釈し直されています。

また各時期を四季になぞらえ、「青春」「朱夏《しゅか》」「白秋《はくしゅう》」「玄冬《げんとう》」という美しい表現もされています。

日本人にとって、人生を四季のようにとらえるのは、感覚的に非常にしっくりくるのではないかと思います。

50歳からの第３期は「秋」、これは皆さん異論のないところでしょう。これまでの人生で成してきたことが、実りのときを迎える時期――収穫のときです。

「秋」の持つ意味は、それだけではありません。非常に大事な時期のことを「危急《ききゅう》存亡《そんぼう》の秋《とき》」といいます。生き残るか滅びるかの大切な分かれ目、そういうとくに大事なときを「秋」の字を使って表すのです。

この時期を、なんとなくぼんやりと過ごしてしまうか、自分にとってまさに「危急存亡の秋」と意識して過ごすかによって、その後の人生における幸福度が大きく変わる。私はそう考えています。

これから可能性は広がっていく！

現在、多くの会社の定年は60歳です。年金の受給開始年齢が65歳に引き上げられたこともあり、希望者に対する65歳までの雇用延長が義務化されるようになりました。とはいえ、雇用継続に際して会社から提示される条件は、なかなか厳しいというのが現実のようです。

いずれにしても60〜65歳で多くの人が定年を迎え、職を離れます。そして、このときを人生の大きな節目ととらえている人がとても多い。しかし、それは定年後の人生がさほど長くないと考えられていた時代の発想です。今やその先の人生が30年、40年とあるわけですから、考え方を切り替える必要があります。

まずは、定年後のことを定年間近になってから考えるのでなく、50代になったら準備を始める。その準備段階から、人生が次のステージに入っているという意識を持つ。これまでの人生での収穫のもと、新たなフィールドを開拓し、新たな種まきをする。

そのプランを立て、いろいろなチャレンジをしていく。

自分の人生を振り返ってみてください。

生まれたばかりの赤ん坊の状態から成長し、一人前の大人として社会に出て働くようになるまでの25年間に、いかに多くのことを学び、獲得してきたことか。

25歳から50歳までに、仕事や家庭でいったいどれだけのことを成し遂げてきたことか。失敗も成功もあったでしょう、悲しいこともうれしいこともあったでしょう。25年という年月の積み重ねは実に大きい。

第３期も、その第１期、第２期と同じだけの年月、同じだけの時間があるのです。50歳から始めて、25年かけて何かを成すと考えれば、可能性は多岐に広がっていきます。

定年を人生の大きな節目と考え、65歳を過ぎたあたりからなんとなく脱力モードに入り、「人生のピークはもう過ぎた。これからは老後だ」という意識を持ってしまうと、老け込むことを嫌いながらも、実は自分自身を「老齢層」という枠に押し込め、できることを狭めてしまうことになります。ものすごくもったいないではありませんか。

か。

　定年前とか、定年後といったくくりから離れるときがきているのです。

　振り返れば「卒業」もまた人生の大きな節目でしたが、卒業式を終えて、燃え尽き症候群になってしまったことがあったでしょうか。卒業の先には、つねに次の未来が拓《ひら》けていました。進学や就職など、その先の人生への夢や期待がふくらんでいたので、卒業に伴う一抹の寂しさにいつまでも浸っていることはなかったはずです。

　定年にしても、その先の人生に対して前向きな気持ちを持って臨《のぞ》めるようにしておけば、燃え尽き症候群にはならないはずです。

目指すのは「魂が喜ぶ」生き方

　私はこんな提案をしたいと思います。

・定年前、定年後という発想から脱却する。

・50歳からが第３期のスタート、75歳まであるのだと意識する。

・この時期を「人生の黄金期（ゴールデンエイジ）」として、どれだけ充実させられるか、どれだけイキイキ過ごせるかを考え、実践する時期にしていく。

では人生の黄金期とは何なのか。その定義をこう考えます。

「人生を豊かなものにするため、自分の衰えと上手に付き合いながら、自分の価値観に即した生き方、魂が喜ぶ生き方を目指す――」

これは、75歳までリタイアしない生き方のススメです。

何からリタイアしないかというと、「人生を前向きに生きる意志」を捨てない、「心の現役感」を失わないということです。

人生100年時代においては、「老後」とか「余生」というものは75歳を過ぎてからだと考える。65歳になると介護保険被保険者証が届き、前期高齢者などといわれるようになりますが、自分自身の意識として、「まだ老境にあらず」という意志を持ちつづける。そういう気概を持ちたいですね。

この時期に自分の価値観に即した生き方、魂が喜ぶ生き方を見出した人は、75歳以降も、生きるエネルギーを上手に燃やして、イキイキと過ごすことができるのではないでしょうか。

105歳で亡くなった日野原重明《ひのはらしげあき》先生は、生涯現役を貫《つらぬ》かれました。100歳を過ぎてからも、「2年後、3年後までスケジュールが入っています」とにこやかにおっしゃっていました。バイタリティにあふれ、次は何をしようかということをつねに考えておられたのですね。魂が喜ぶ生き方を見出し、それを実践しつづけられた方だと思います。

握手をしていただいたとき、私はその力強さにびっくりしました。

生命力というのは、やはり「生きる構え」と結びついているのだなと感じたことをよく覚えています。

華麗なる転身、伊能忠敬の生き方

落語にはよく、「ご隠居《いんきょ》さん」が登場します。物知りなお年寄りという設定ですが、何歳くらいの人なのでしょうか。

実は、おおむね50歳過ぎなのです。

落語文化が成立、花開いた江戸時代には、50歳くらいで子どもに家督を譲り、隠居生活に入ることが多かったからです。

ご隠居さんが芸事などを習ったりする話が落語にはしばしば出てきますが、のんびり遊んでいた人ばかりではありません。

50歳からをまさに人生のゴールデンエイジにしたお手本のような存在が、伊能忠敬《いのうただたか》です。日本全国を歩いて測量して、実測に基づいた初めての日本全図を作成――。その偉大な業績は、隠居後の50代になってから始めたものでした。

伊能忠敬は、40代までは酒や醤油の醸造を営む商家の主人でした。18歳で伊能家の婿養子に入り、傾いていた家業を盛り立てます。名主として、地域のためにも尽力しました。49歳で家業を長男に譲ると、暦学、天文学の勉強をしたいと江戸に出て、幕府天文方の高橋至時《よしとき》の門下に入ります。19歳年下の師でした。

忠敬は、最初から地図を作りたいと思っていたわけではありませんでした。天体観測に情熱を注いでいたのです。最新の暦学を学ぶうちに、緯度1度の長さを計測することに強く関心を寄せるようになります。そして、「蝦夷地あたりまで行って江戸との差を計測したら、信用のおける数値が得られるのではないか」という師の言葉がきっかけとなり、蝦夷地に測量に赴くことを考えるようになります。

当時、勝手に蝦夷地に行くことはできなかったため、実測地図を作成するという目的を掲げることで、幕府の許可を得たのです。

忠敬が奥州街道と蝦夷地の測量に行って作成した地図は、非常に高く評価されました。師の高橋至時も「ここまで見事にやるとは思わなかった」と賞賛したほどでした。

やがて幕府から、本格的に日本各地の実測と地図の作成を命じられるようになるのです。

日本全国を歩いて測量する旅は、足かけ17年に及びました。10度の測量のうち、伊豆七島を除くすべての測量に従事した忠敬は、73歳で亡くなります。当時にしては、かなりの長寿です。自身は日本全図の完成を見ることはできませんでしたが、精緻な地図の出来栄えは世に広く認められ、歴史にその名を刻むことになったのです。

エネルギーを投入する場を持ちつづける

伊能忠敬の生き方には、現代の私たちが後半生を考えるうえでも参考になる点が多々あります。

なんといっても、その情熱です。

おそらく忠敬は、寝ても覚めても測量と天体観測、地図づくりのことばかり考えて過ごしていたことでしょう。つねに考えつづけることがある状態、エネルギーを投入する対象を持ちつづけることが、大きな活力になっていたと思われます。

歳《とし》を取ってくると、自分が熱くエネルギーを注ぐものがだんだん減っていきます。張り合いを感じる仕事や子育てなど、エネルギーを大量に差し向けていた場がなくなっていくことは、寂しいもの、むなしいものです。

定年後にうつ病のようになってしまったという話を聞くことがありますが、そのいちばんの原因は、やはりエネルギーの行き場が失われて虚無感に襲われるためでしょう。

佐藤愛子さんのエッセイ集『九十歳。何がめでたい』（小学館）が幅広い世代に読まれてミリオンセラーになっています。佐藤さんは数年前に、「もう書きたいことは書き尽くした」と絶筆を宣言されたのですが、やることがなくなったらうつ病のような状態になってしまったのだそうです。そんなときにこのエッセイの連載の話があり、仕事をしたらすっかり元気になったといいます。「人間は『のんびりしよう』なんて考えてはダメだとわかった」とお話になっています。

「のんびりしたいなあ」と思いながらも、やらずにいられないことがある、そんな状態のほうがメンタルにもいいようです。気を滞らせないことが大事なのではないかと思います。

つねに考えることがある、何をしていても意識がそのことに結びついていく。そのくらいエネルギーを注ぐ対象があるのは、幸せなことなのです。

心が動いているか

エネルギーを注ぐ対象を見つけ、心の張りを得るために、「趣味を持とう」「好きなことをやろう」とよくいわれます。もちろん好きなこと、興味があることは熱心にできますが、ものすごく好きなことでなくても、自分がそれをやることに「意義」が見出せて、心が動けばいいのではないでしょうか。

仕事というのはだいたいそういうものです。やりたかったこと、好きなことを仕事にしていなくても、結果を出したいと思って全力で打ち込んでいると、それが張り合いとなり、内側からの充実感につながっていきます。

「好きなことかどうか」よりも、それをやることに「自分の心が動くかどうか」「積極的に関わっていけるかどうか」のほうが大きなポイントではないかと私は思います。

何かに対して、「やらなければいけないからやる」というしぶしぶのスタンスではなく、「自分がやらなきゃ、誰がやる」くらいの気持ちで主体的になる。それが、内側から湧き出るエネルギーを枯渇させない秘訣といえましょう。

伊能忠敬は、そういうメンタリティを持っていた人だと思います。傾いていた伊能家を立て直そうとしたことにしてもそうです。飢饉や洪水でたいへんなときには、人々を救済する活動もしていました。心が動き、そのために力を尽くせる人だったのです。

隠居してからの勉強も、最初はやりたかった勉強をもう一度やってみようという知的好奇心が始まりでした。前述の通り、暦学や天文学への興味から緯度1度の距離というものをどうしたら算出できるかを考えているうちに、実測地図を作るというテーマに出合います。忠敬は商家時代から、算術にも記録能力にも長けていました。利根川の堤防決壊の修築工事などに携わり、測量の実践経験もありました。人を動かす術《すべ》、束ねる術も心得ていました。そんなことを考えるうちに、やりたいというよりも「これを自分がやらずして誰がやるのだ」という思いで心が動き、ふつふつとエネルギーが湧いてきたのではないかと思います。

50歳くらいになると、これまでの経験や培《つちか》ってきたものの蓄積がいろいろあります。

一見、まったく異なる分野、未知の分野のように見えても、やるべきことを具体的に分解して考えてみると、「ああ、それならやれるよ」といったことがあるものです。自分の持ち味を活《い》かせる、自分が「何かの役に立てる」と思えることは、精力的に取り組む大きなモチベーションになります。

それには、いろいろなチャンスと出合うことが大事です。

自分をオープンにして、いろいろなことを前向きに、面白がってどんどん受け入れるようなスタンスを持つことが望ましいのです。

自分を輝かせる場を見つける

50歳からのテーマとして、物事に取り組むときに、「これは仕事」「これは趣味」と切り分けて考えないようにするといいのではないかと思います。

何がこれからの自分の人生を豊かに展開してくれるのかはわかりません。

将棋界のレジェンドといわれる加藤一二三先生が、棋士を引退されてからタレントとして今のようなかたちで活躍されることになろうとは、誰も想像できなかったでしょう。

伊能忠敬にしても、最初に蝦夷地測量を行ったときには、これが自分のこれからの人生をかけた大仕事になっていくとは思ってもいなかったはずです。本気で熱く取り組んでいるうちに、ご隠居の道楽でやっているとは誰からも思われなくなり、幕府のからむ事業へと発展していったのです。

趣味としてひとつのことに5年、10年とのめり込んでやっているうちに、ひとかどのものになって人に教えるまでになった、という人はたくさんいます。

折から、厚生労働省が「モデル就業規則」を見直して、副業・兼業を容認する方針を打ち出そうとしています。これからは、今までよりも個性の活かせる多彩な働き方ができるような社会になっていきます。

仕事か趣味か、本業か副業かといった境界線はどんどん不分明になっていきます。

それが仕事であろうと、趣味であろうと、社会貢献であろうと、つねに主体的に、本気モードで、楽しく取り組む。

ワクワクしたり、ドキドキしたり、自分の心が湧き立つ瞬間を増やしていく。

そういう生き方が50代からできている人は、人生１００年時代を楽しくサバイブしていけるはずです。

さて、今のあなたはどうでしょうか？

次章のチェックリストで自分自身を再確認してみましょう。

第2章

人生後半のチェックリスト

CHECK!――①

最近、感動していますか？

感動するというのは、「心が動く」ことです。

イキイキと活動しつづけるためには、心が動かなくなっていくことがいちばんよくないと私は考えています。

「感動しやすいか、しにくいかなんて、個人の性格の問題」なんて思っていませんか。いいえ、これは感性を錆《さ》びつかせないでおけるかどうか、その人自身の意識の問題です。

寄る年波と共に、身体《からだ》がだんだん硬くなっていき、可動域が狭まっていきます。

しかし、前屈も開脚もびっくりするほど見事にできてしまう身体の柔らかなご年配の方もたくさんいます。それは、可動域を狭めないよう日々意識して身体を動かしつづけているからです。

心も同じです。動かしつづけることを心がけたほうがいい。いろいろなことに心を動かせられる自分でいること——意識して、そう仕向けていきましょう。

それには、「自分の体験にしていく」ことが大事です。

たとえば、オリンピックで誰がメダルを獲《と》ったというニュースに接しても、それだけでは感動はしません。「へえ、そうか……」と思うくらいです。でも、その選手の背景を知り、その試合を身を入れて観ることで「おお、すごい！」「なんて頑張ったんだ！」と感動する。

小説や映画も、あらすじを知っただけでは感動しません。実際に読んだり観たりすることで、感動が湧く。

感動は、エネルギーを省力化して、結果だけを知るところには起こりません。

自分を関わらせていかないと味わえないものなのです。

自分が感動を味わう機会を減らしていないか、考えてみてください。

また、心が動くことがあっても、それを意識化せずにそのまま埋もれさせ、忘れてしまっていないか、考えてみてほしいと思います。

CHECK!――②

心が動いたことを、何かに書きとめていますか？

ツイッターやフェイスブック、インスタグラムなどSNS全盛の世の中です。おそらくこの流れは今後も続くことでしょう。私はSNSには、心が動いたこと、感動したことを書くのがいいのではないかと思います。

私は、それを手帳に書き込んでいます。心が動いたことを手短に記しておくのです。たとえば、バドミントンの世界選手権で奥原希望《のぞみ》さんがシングルスで優勝したときは、手帳に「奥原希望さん、祝金メダル！」と書きました。何の所縁《ゆかり》もなく、お会いしたこともありませんが、「こんなすごい試合を見せてくれてありがとう」という気持ちで書きとめたのです。スポーツ好きなので、そういう記録はとても多いです。

観た映画は、タイトルと主演俳優の名前をメモしておきます。タイトルだけではどんな映画か思い出しにくいこともありますが、俳優さんまで書いておくと、すっと思い出せます。心に残るセリフがあったら、それを書いておくこともあります。本の中の印象に残る言葉だとか、テレビで見聞きした秀逸なエピソードなどを書くことも。

その他、「ちょっと気分が上がったこと」があったら、手帳にニコニコマークを書き入れます。たとえば、初めてお会いして対談をした方と意気投合して話がはずんだら、ニコニコマーク。疲れぎみだったのでマッサージを受けに行ったら、施術をしてくれた人がとてもうまくてすっきり爽快になった。これもニコニコマーク。食事に行ったら、初めての店がすごくおいしくて、「いい店見つけた」という気分になった。これもニコニコです。「これが一個あったから、今日はいい日だった」と考えると、その日の終わりを気持ちよく迎えることができます。

手帳は、日々何度も見るものです。並んでいる小さなニコニコマークは、「この日もいいことがあった」という証《あかし》、ささやかな幸せの蓄積なので、それが目に入るだけでも、日々の幸福感が上がっていきます。

私にとって手帳は「予定」を書くためだけのものでなく、「今」を記録するもの、自分の時間に小さな幸せを増やしていくものでもあります。

CHECK！———③

どんなときに自分がイキイキできるか、知っていますか？

ワクワクしたり、ドキドキしたり、あるいはヒリヒリするような感覚で、生きていることとの実感を味わえる瞬間を、私は「This is it!」タイムと呼んでいます。「まさにこれだ！」「今がそのときだ！」という意味です。

マイケル・ジャクソンの最期《さいご》を撮ったドキュメンタリー映画のタイトルが『THIS IS IT』でした。

この「This is it!」には「これで最後だ」という意味もありますが、予定されていた公演を絶対に成功させるという強い意志でリハーサルに臨むマイケル・ジャクソンの渾身の姿に、私は生の躍動を強く感じたのです。

以来、「生きているってこれだよ！」と叫びたくなる瞬間に、「This is it!」というタグ付けをするようになりました。

実際、「This is it!」と口に出すこともあります。

「これぞ『This is it!』だ、まさに生きているって感じのできごとだ!」と銘打つことで、自分の中の湧き立つ瞬間、生きている実感が鮮明に残りやすくなります。それも手帳に書き込みます。

「This is it!」は、別に大げさなことでなくていいのです。

日常の中のちょっと血が沸くような瞬間、心浮き立つような瞬間。ちょっとドキドキした瞬間。

私の場合、大学で学生とのセッションが熱く盛り上がったとき、講演会場の空気を一気にヒートアップできたとき、スポーツ番組で白熱の試合や最高のパフォーマンスを見たとき、毎日いろいろな「This is it!」にあふれています。

これをやっていると、自分がどういうときに心がはずむのか、喜びを感じるのか、生きている実感を味わうのか、自覚しやすくなります。

それが、イキイキした時間を増やしていくひとつのコツです。

CHECK!④

これだけは守りたいという「生活信条」がありますか？

自分は何に価値を置くのか、どうありたいのか。

それが具体的に現れるのが「生活信条」です。

私でしたら、たとえば「本は惜《お》しまずに買う」ということ。学生時代から、貧乏暮らしをしていても、本代は惜しんだことがありません。専門書となると高いものも多いのですが、古本屋を探し歩くなどして買い求めていました。それらの本から得たものが、今の私を培《つちか》ってくれた。

本は、私にとって必要欠くべからざる「自己投資」だったといえます。

今も、私は日々大量の本を買っています。おそらく一生かけても読みきれないくらいの本がありますが、今後も買いつづけることでしょう。青年のころは自分の将来に投資する感じでしたが、今は、自分の喜びや幸せに投資するという感覚です。

色紙や本にサインを求められたときに私がよく書くのは、「出会いのときを祝祭に」という言葉です。人との出会い、一期一会を、心湧き立つ「祝祭のとき」にしたいと心がけているからです。これも私の信条のひとつです。

実は、もともと私は、人に対して辛辣《しんらつ》なことをズバズバ言ってしまうタイプでした。若いころはそれが自分の持ち味だと信じて疑わず、攻撃的な批判精神を発揮していました。その結果どうなったかというと、敵が生まれ、友だちが減り、先輩や先生から引き立ててもらえないという、なんともシビアな現実だけが残りました。

痛恨の経験を経て、人と接するうえで大切なのは、相手に誠意と敬愛を持ち、機嫌よく、笑顔で接することだと学んだのです。以来、私は上機嫌と穏やかさを保つことを技《わざ》化しました。誰かと出会い、共に過ごすその時間を祝祭のように感じてもらう努力をするようになったのです。

気持ちの「芯」となるものが明確になっていると、行動に迷いやブレがなくなり、心を安定させやすくなります。

生活信条には、今の自分が投影されています。それを再認識しましょう。

CHECK!⑤

「食わず嫌い」していませんか?

前ページで述べたように、批判精神の旺盛だったころの私は、粗探しばかりしていて、いいところをほめるという視点がありませんでした。しかし、世の中を渡っていくには、いいところに着目して、それを表現する能力こそが大事なんだ、と気づいてから、意識して「いいところを見つける」ことに注力するようにしました。

長所と短所は表裏一体ですから、必ずいいところがあると思っていると、美点が見えてくる。それが見つけられると、相手に対して好意的になれるのです。

これは、ものに対しても同じです。

たとえば、現代美術。難解でよくわからないから好きではないという人が多いようです。しかし、大学生に「2週間で現代美術について調べ、作品を絶賛してみる」という課題を出すと、期限内でいろいろな作品に触れたり勉強したりして、よさを見出して話せるようになります。「最初は子どものいたずら描きにしか見えなかったけれど、ジャクソン・ポロック（アメリカの抽象画家）はひと味違う。どれだけ見ていても飽きないことに気づいた」などと「語れる」ようになるのです。

これは、「相手を知る」ということなのですね。いいところを見出すには、対象ときちんと向き合って、よく知ろうとしないといけない。よく知ると、「ああ、なんかいいじゃないか。今まで気づかなかったなあ」と思えてくるのです。

なんとなく先入観で「食わず嫌い」になっているもの、苦手意識を持っている相手というのが、誰にもあるのではないかと思います。たとえば、「能なんて退屈だ」とか、「オペラの声の出し方が苦手……」とか、「宗教の本には抵抗がある」とか。人に対しても、「あの人は口うるさいから苦手」とか、「何の話をしていても、自分の話題に持っていくからうんざりする」とかあるでしょう。そういったこれまで敬遠していたものにあえて接近して、いいところを見出していくことを人生後半の楽しみのひとつにするのはいかがでしょうか。

世界がグッと広がり、楽しいことが倍増します。

CHECK！——⑥

世の中で話題になっているベストセラー、読んでいますか？

世の中で話題になっているものへの感度は、歳とともにだんだん鈍くなっていきやすいようです。ですから、「いい出合いのきっかけを与えてもらった」と思って、積極的に取り込んでいくほうがいいと思います。

大事なのは、やはり「いいところ探し」の視点を持つこと。

ベストセラー本に対して、「あの本読んだけど、別にたいしたことないよ」「宣伝がうまかったから売れただけだ」などと、くさすようなことを言う人もいますが、多くの人を惹《ひ》きつけているものには、ヒットするだけの理由が必ずあるもの。「どうして売れているのかわからない」というのは、その理由が見抜けていないということ、目が曇っていることを公言しているようなものです。

非難の目を持つのではなく、魅力の部分に目を向けましょう。「なるほど、これが売れているのは、こういうよさがあるからだ」と気づけるのは面白いことです。合点がいくと頭がすっきりしますし、誰かとその本の話をするのも楽しくなります。

２０１７年から18年にかけて、『漫画　君たちはどう生きるか』（マガジンハウス）という本が爆発的に大ヒット、ミリオンセラーになりました。元になっているのは、いまから80年前に書かれた吉野源三郎さんの小説で、少年がおじさんと対話しながら生きるために大事なことを見つけていくという青少年向けの人生論です。これを羽賀翔一さんが漫画化し、一躍脚光を浴びたのです。漫画版が売れただけでなく、元の小説のほうもリバイバルヒットになりました。なぜいま、それほど読まれるのか。そこには時代の空気感も関係しているでしょう。

あるいは、日系イギリス人のカズオ・イシグロ氏がノーベル文学賞を受賞されてたいへん話題になりました。書店に行くと文庫が平積みになっていますから、もしまだ読んだことがなかったらこの機に読んでみるのもいいでしょう。

世の中で評判になっているものを受け入れ、それを素直に評価できる姿勢、オープンな構えというのは、人生を豊かなものにしていくための大事な要素のひとつです。

CHECK! ⑦

「ワクワクすること」を増やせていますか？

人生後半を充実させるテーマとして、「ワクワクを増やす」ことを掲げるのがいいと私は思っています。

どこかに出かける前、人と会う前、何かを始めるとき、気持ちがワクワクするのは、これからの出来事に期待が高まっているときです。

期待感で心が動いている。知らずしらずのうちに、ちょっとテンションが上がっている。

「ワクワク」は、「イキイキ」の火つけ役です。ワクワクのタネを増やしていくことが、イキイキとした時間を増やしてくれます。

では、どうしたらワクワクを増やしていけるのか。

一つは、好きなこと、楽しくなることをやることですね。

二つ目は、いいところ探しをすること。

ただ散歩しているときと、何かいい写真を撮りたいと思いながら歩くときとでは、見えてくるものが違ってきます。漫然と見るのではなく、いいところを見つけようとすることで、細やかに関心が向くようになる。それによって、気づきが多くなる。心が動きやすくなるのです。

三つ目としては、子どものように面白がること。

子どもは、知りたがり、やりたがりです。昆虫に興味を持ったら、自分で虫捕りをしたい。ダンスを見てカッコいいと思ったら、自分もそれを踊れるようになりたい。何にでも関わってみたい、体験したいのです。

好奇心がそのまま自分を衝《つ》き動かす情熱になるのが、子どもの特徴です。

そこで、心の状態として、小学3、４年生ぐらいの子どもの感覚を目標にする。

「10歳のときの自分だったら、どうしたかな？　面白がって、こんなことをしたんじゃないか、あんなことをしたんじゃないか」と考える。

これもワクワク感をかき立てやすくする方法です。

CHECK! ⑧

「好きなもの」「好きなこと」をどれだけ挙げることができますか？

好きなものは何かを聞くと、次から次へと出てくる人と、2つ3つ程度で「あと何があったかなあ……」と詰まってしまう人といます。すぐに詰まってしまう人に共通するのは、身体的に浮き立つような躍動的な感じが乏しいことです。

50年ほども生きてくれば、好きなものはたくさんあるはずです。自分の好きなものを意識化できていないということは、ワクワクと生きるタネを持っているのに眠らせてしまっている、「死蔵」しているということです。

あなたの好きなものを自覚することは、自己再発見のための大事な一歩です。

私は、ただ好きなだけでなく、偏向的なまでに愛好しているものを書き出していく「偏愛マップ」というものを提唱したことがあります。偏愛するものを紙いっぱいに書いて、ふたりでそれを見せ合いながら会話をする、名づけて「偏愛マップ・コミュニケーション」をやってもらったところ、大学でも、ビジネスパーソンのセミナーでも、たいへん盛り上がりました。

シニアの受講生が多い市民大学講座で同じことをやっていただいた際には、「いろいろ考えはじめたら、楽しくて止まらなくなりました」と言って、紙を継ぎ足していってたたみ1畳分ほどになった人もいたほどです。

どうしてそれを偏愛しているのか思い返してみると「そういえば、そもそものきっかけはこれだった」とか、「このつながりで、こんなものも好きになったな」とか、芋づる式にいろいろ浮かんできます。

思いつくだけたくさん挙げてくださいといったのは、そういう関連性に紐づいた自分の「好き」の傾向、「好き」の連鎖に気づくことも面白いからです。

好きなものがたくさんあるということは、楽しい時間の過ごし方のチャンスも多彩だということです。人生後半に向けて、心のエネルギーを差し向けられるものを新たに見つけるのもいいですが、かつて好きだったことに再チャレンジしてみるのもけっこう楽しめるのではないかと思います。

コラム　ちょっとひとやすみ①——好きなものがつながる快感

私は50歳のころから、海外のミステリー小説にハマりだしました。以前から魅力的なジャンルだと思っていたのですが、この世界にハマると他の読むべき本が読めなくなるかもしれないと危惧して、あえて近づかないようにしていたのです。

50歳になり、その封印を解いて足を踏み出してみたわけです。

『犬の力』（角川文庫）を読んで著者ドン・ウィンズロウが好きになり、続編の『ザ・カルテル』（角川文庫）を読み、さらに彼の全作品を読みたいと思って検索したところ、その中に『サトリ』（ハヤカワ文庫）という作品を見つけました。このタイトルからして、東洋思想的な世界が繰り広げられていることは疑いようのないところです。

そして、この作品がトレヴェニアンという作家の『シブミ』（ハヤカワ文庫）という作品のオマージュのような形で書かれたもので、『シブミ』の続編、前日譚《たん》のような内容だと知りました。『シブミ』はかつて世界的ベストセラーになった作品らしいのですが、ミステリーの世界に距離を置いていた私はまったく知らなかったのです。遅まきながら読んだところ……大感動です。トレヴェニアンの該博な知識と、透徹した知性、そしてその筆力に圧倒されました。

『シブミ』とは日本語の「渋み」のことです。主人公は、日本人から「シブミ」を学び、その精神を獲得し、やがてたいへんな暗殺者になっていきます。シブミをたたえた暗殺者の姿は、どこか『ゴルゴ13』と通じるようなところもあります。

小説としての面白さだけでなく、表現の豊かさ、知識の深さ、どこをとっても超一級。「こんなすごい小説を、この歳まで知らなかったなんて……」と衝撃を受けました。そしてトレヴェニアンを知ることができたことに、大きな喜びを感じたものです。

ドン・ウィンズロウに惹かれ、彼の作品をもっといろいろ読みたいと思わなければ、私はトレヴェニアンを知ることがなかったかもしれない。

つながりの面白さというのは、ある関連性を持ちながらも、こちらの想像を超えた世界へと自分を広げてくれる可能性を秘めているところにあります。

新しい出合いも、まず今好きなもののつながりから見出すと期待できます。

CHECK! ⑨

今の仕事、何歳まで続けることができそうですか？

さて、ここからは、少し仕事の話をしていきましょう。

今やっている仕事は、何歳まで続けることができますか？　定年ではなく、今の職場で、今の立場で仕事をしつづけられるのはいつまでかを考えてみてください。

そこから先、どういう展開が想定され、自分はどうしたいと思っていますか？

自分の会社の定年を知らない人はいないでしょうが、雇用保障に関しては近年いろいろな動き、変化が起きていると思われます。

何歳になると役職定年になるのか。そこから待遇や条件はどう変わるのか。副業・兼業に対する会社の姿勢はどうか。定年は引き上げられているのか。

定年後、雇用延長する場合の条件はどうなのか。大幅に給与を引き下げられ、契約社員や嘱託というかたちでの再雇用となるなどの労働条件について、会社から提示されて初めて詳細を知り、ショックを受けるケースも少なくないといいます。

あなたの会社の方針はどうなのか。どう変わりつつあるのか、あるいはなかなか変わらないままなのか。あらかじめ確認しておきたいところです。

50代社員のためのライフプラン研修を行う企業も増えていますが、研修で教えてくれることは、「今後あなたはこうなりますよ」という情報だけです。「さあ、材料は提示しました。あとはそれぞれが考えてくださいね。健闘を祈ります」ということに過ぎず、「これから自分はどうしたらいいか」を教えてくれる人はいないのです。

つまり、いちばん重要なのは、自分の進退を「自分で考える力」です。単に頭の中でプランを練《ね》るだけでなく、自発的、主体的に行動する力、エネルギーが必要です。それは、ある日突然出せるようになるものではありません。

自分で考え、自分で行動できる身体性とメンタリティを、今から培っておく必要があります。

私がしきりに、心を動かそうとか、イキイキとか、ワクワクとか言っているのは、そういう「構え」でいることが、エネルギーを発揮しやすくなるからなのです。

CHECK！――――――――――――⑩

生涯現役を目指したいですか？

組織の一員として働いている人には否応なく定年が訪れます。いっぽうで自営業の人は、自分自身ができると思えば、何歳まででも仕事を続けられます。長く仕事を続けていくために必要なのは、やはり「心技体」すべてが健《すこ》やかに保てていることでしょう。この点は、組織の中で働く人も同じです。

「心」は、気力、意欲、情熱です。加齢と共に衰えるのは体力だけでなく、気力も減退しやすくなります。やる気の火がつきにくくなる、ついても熾火《おきび》のような感じで消えやすくなる。心と身体は連動していますから、身体的に疲労が蓄積していれば、心の疲労度も増し、火はますますつきにくくなります。

「技」は技能、技術、スキルです。熟練しているつもりでも、変化の流れが速い現代は「その技術や考え方は、ちょっと時代感覚に合わない」ということが起こりやすくもなっています。

「体」はもちろん身体、体力や健康状態です。体力に自信がある人でも、50歳を過ぎれば機動力は落ちます。同じことをやっていても、以前のようなスピードではできなくなったり、パワーが持続しなくなったりします。もっとも、そこを経験値の高さでカバーできるようになるメリットもあります。

過去のやり方、考え方にこだわるのでなく、今のニーズに即した対応ができているか。新しい流れを受け入れて柔軟にやることができているか。その自己認識がズレている人は、職業人としてはいささか問題です。

以前のようにはできなくなったことは何か。冷静に、客観的に、現実を認めるところから、今できることもはっきりと見えるようになってくるものです。

「続けたい」「まだまだ頑張りたい」という意志を持ち、エネルギーを燃やしつづける生涯現役という考え方は立派です。一方で、己の現状を知り、スパッと引退して後進に道を譲るという考え方もまた立派です。

「貫《つらぬ》くこと」と「しがみつくこと」、その精神は天と地ほども違います。

CHECK!―⑪

お金以外で、仕事に求めるものはありますか？

これは「何のために働くのか」と置き換えてもいいでしょう。

あなたはこれまで何のために働いてきましたか？

生活のためでしょうか？　家族を養うためでしょうか？

確かに仕事は生計を立てる手段です。収入を得るためにやるものです。しかし、あなたが働く目的は、お金を得るためだけだったでしょうか。

結果を出して認められて、昇進して、稼ぎも増える。自分の能力を発揮できているという実感、達成感があり、やりがいを感じることもできる。「もっと稼ぎたい」という気持ちはただお金のためだけでなく、仕事に対するモチベーションと相乗的な関係にあったと考えられます。

50歳前後になると、ここにも変化が現れます。

稼ぎのうえでも、立場的にも、そろそろ先が見えてくる。頑張っていても、これ以上右肩上がりで伸びていくものではないことがわかる。するとと、「何のために仕事をするのか」という意味も変わってくるのです。

内閣府が行っている国民生活に関する世論調査によると、「働く目的は何か」という質問に対して、若い世代は「お金を得るために働く」人が圧倒的に多いのですが、50代以上になると「生きがいを見つけるために働く」と答える人が増え、その比率は年齢が上がるにつれてどんどん高くなっていきます。つまり、人生後半に人が求めたくなるのは、「生きがい、生きる意味が感じられる仕事」だということです。

こうした傾向からも、人生後半に向けて大事になるのは、「お金のために」という呪縛から自由になることではないかと私は考えます。

年金を受け取るまでにまだ時間があるから、年金だけでは老後の暮らしを支えられないから、といった現実的な事情ももちろんあるでしょうが、ちょっとだけ思考の角度を変えてみて、報酬よりもむしろ「やりがい」「張り合い」を求める。

それが、これからの人生を幸せにしていく大事なポイントではないかと思います。

CHECK！⑫

仕事に対して、時給意識を持っていますか？

非正規雇用の場合など、給料が時給単位で支払われる仕事はたくさんあります。そういう方にとって、時給は大事な要素だと思います。

また、給料は時給制ではないけれど、仕事効率を高めるために「時給意識」を持つことでコストパフォーマンスを上げる、という仕事のやり方もあります。

ただ、時給意識には生産性を上げる効果はありますが、あまりとらわれすぎないように注意することも肝要です。

なぜか。損得勘定が脳を支配しやすくなってしまうのです。

たとえば「努力してもしなくても時給は変わらないのならば、よけいなことはやらないほうが得」という発想になってしまうと、最低限のことだけやればいいということになる。そうなると、努力も工夫もしなくなります。

自分の時間を切り売りして、ただただ働き、お金に換えるだけ。成長も達成感も充実感も生まれにくくなります。これは仕事のクオリティが下がるだけでなく、自分の人生のクオリティも下げてしまうことです。

私の教え子には中学、高校の教師が多いのですが、非常勤の教師をしているある人が、「1時間の授業の準備をするのに、何時間も下調べをして仕込みをする。その時間をカウントしたら、悲しい時給になる」と言いました。ある中学教師は、「土日も部活指導があるので、時給なんかとても怖くて計算できない」と笑っていました。

それでいてどちらも、「準備にそんなに手間をかけずに適当に流して授業をやろう」とか、「負担の大きい部活の顧問など引き受けないでおこう」とは思っていないのです。本当は、そうした努力に見合うだけの給料が支払われることがいちばんいいのですが、それだけの対価が得られなくても、やってしまう。やらずにはいられない——。

では、こういう意欲を持っている人たちと、同じ給料だったら楽をしたいと思っている人たちと、どちらが毎日に充実感があるか。それは時給意識を超えて情熱を注いでいる人のほうが、充実感もある、幸福感も強い、そういうものなのです。

CHECK!―――⑬

あなたの考える「やりがいのある仕事」とは何ですか？

人によって、「やりがい」の感じ方はさまざまです。自己実現ができる、達成感がある、評価が形になる、誰かが喜んでくれる、社会の役に立つ……。何かひとつだけではなく、いろいろな要素が複合的に絡み合ったりもします。

そもそも「やりがいのある仕事」「やりがいのない仕事」という質の差があるわけではなく、目の前の仕事をやりがいのあるものにするかどうかは、その人が事に臨《のぞ》む構え次第だと私は考えています。意識が生み出すもの、心の産物なのです。

「これはやりがいのない退屈な仕事」と決めつければ、どんな仕事も退屈なものとなり、「やりがいがある」と思ってそこに気づきや学びを見出そうとすれば、同じ仕事もやりがいに充《み》ちたものとなります。

アルベール・カミュに、『シーシュポスの神話』（新潮文庫）という随想があります。

ギリシャの神々の怒りを買い、岩を山頂に運ぶ刑罰を科されたシーシュポスを題材にしたものです。巨大な岩をやっとのことで山頂まで運び上げた次の瞬間、岩はその重さで下まで転がり落ちます。運ぶ、落ちる、また運ぶ、また落ちる、ひたすらその繰り返し。この希望のない労働を、シーシュポスは永久に続けなければいけない。

しかし、カミュは言います。この労働も、「頂上を目がける闘争」なのだと考えれば、心を充たすものとなるのだ、と。自分の日々を支配しているのは自分であり、自らの意志で「よし、もう一度」と思って続けるのであれば、不毛ともくだらないとも思えなくなる。カミュはそう説いているのです。

これはニーチェの永劫回帰《えいごうかいき》にも通じる考え方です。

「年齢が上がるにつれて働ける場も少なくなるのが現実。若いころと違って、今後の仕事にやりがいなんか期待できるわけがない」――もしそんなふうに考えている方がいるとしたら、その思い込みこそがあなたからやりがいのある仕事を奪ってしまうと気づいていただきたいのです。

充足感も、幸福感も、心の持ちようひとつなのですから。

CHECK!⑭

「苦にならずにできること」はどれくらいありますか？

好きなことは誰でも夢中になれます。集中できます。そうではなくて、好きとまではいえないけれど、苦にならずにやれること、ありませんか？

みなさんわりと見逃しがちなのですが、自分の「強み」は好きなことにあるだけではなく、「苦にならずにできること」の中にもあるものです。

たとえば、飛び込み営業。見知らぬところにいきなり飛び込みで営業をかける。これが苦痛だと感じる人もいれば、あまり苦ではない人もいます。一日どれだけ回れるかというと、苦にならない人のほうが圧倒的に多いはずです。たくさん回ったから疲れているかというと、そうでもない。苦になる人のほうが、疲労度が高いのですね。

苦にならずにできることは、その人が「疲労を感じにくいこと」ともいえます。

苦にならずにできる。それほど疲れを感じずにできる。これはかなり強力な武器です。強みです。

あなたにとって、それは何でしょう。苦にならず、疲れないことこそ、人生後半も続けられる「仕事」になるのではないでしょうか。

先ほど、「お金のためにやる」という呪縛から自由になろうと言いました。仕事とはもとは「為事」と書き、身体や頭を使って働くことでした。転じて職業のことを指すようになったのですが、そもそもは「為すべき事をする」のが仕事の意味です。

その原点に立ち戻り、人生後半からは、自分がイキイキとなすべきことをすることを、すべて「仕事」ととらえることにする。職業的にやっていることでも、趣味でやっていることでも、ボランティア活動でも、何でもいい。

金銭という報酬があるかどうかはさておき、自分が苦にならず、疲れず、張り合いを持ってエネルギーを注ぐことができる活動を、すべて「私の仕事」と考える。自分にできることを、やりがいをもって楽しくやりつづける、それが収入につながるのであれば、よりハッピー。こんなふうに考えると、仕事の意味合いが一気に広がっていきます。50代からの「仕事」を、そういうものとして再定義してはどうでしょうか。

CHECK!⑮

生きがいとは何か、考えたことがありますか？

歳を重ねると、「生きがいを見つけるために働く」と考える人が増えるという話をしました。しかし、生きがいというのは抽象的概念です。「生きがいとは何か」ということを明確に意識化できていないと、見つかりにくいように思われます。

50代からの「仕事」とは、「苦にならず、疲れず、張り合いを持ってエネルギーを注ぐ活動をいう」と定義すると、「そういう仕事を通じて、自分の魂が喜ぶような時間を過ごすこと」こそが生きがいだといえるでしょう。

お金を稼ぐ目的の仕事ではないけれど、人生を豊かにしてくれる「仕事」に、庭仕事や畑仕事があります。

ヘルマン・ヘッセは、50歳を過ぎてから庭いじりに没頭するようになりました。著書『庭仕事の愉しみ』（草思社文庫）には、穏やかな表情で庭仕事をしている写真が見られます。ヘッセにとっての庭は、文筆の仕事に深い思索と創造力をもたらす源となっていました。金銭には代えがたいさまざまな充足感をもたらしていたのです。

時間の余裕ができるようになってから、土に親しみ、畑仕事を始める人がいます。収穫したものを売るというよりは、自分たちで食べるため、あるいは周りの人にあげるために作る。

その労働から金銭的な報酬は得られなくても、自分で育て、採れたての野菜や果物が食べられることは、物質的、精神的に豊かな恵みをもたらしてくれます。

自然相手の作業は、人間の勝手な思いのようにはいきません。複雑で、飽きることがない。それだけにやりがいも大きいでしょう。疲れない仕事どころか、たいへん疲れる仕事かもしれません。しかし、苦労を上回る喜びが湧くということでは、苦にならず、張り合いのある「仕事」といえます。

報酬とは、金銭的なものだけではありません。また、資産というのも金銭的なものだけでもない。人生後半の仕事とか生きがいということを考えてみると、経済論理からちょっとはずれたところにヒントがありそうです。

CHECK!──⑯

「自分が必要とされている」と思える場所がありますか？

「自分が必要とされている」と思えることは、人間にとって大きな喜びです。充実感、自己肯定感が湧き、生きる意欲にもつながります。

たとえば、仕事でこれまで自分がリーダーとして進めていたプロジェクトの中心が後輩や部下に移り、オブザーバー的な立場になってしまったとき。あるいは、子どもが成長して自分たちの世界ができ、休日を親であるあなたと一緒に過ごさなくなったとき。

「やっと自分の時間ができる」とホッとする──とは限りません。むしろ自分が必要とされなくなっていくことへの一抹の寂しさを感じるものです。

私たちは日常さまざまなかたちで人との「関わり」を持っていますが、ふだんはそのことをあまり意識していません。当たり前のこととしてあった「関わり」や「関係性」に変化が生じて初めて、今まで自分が必要とされていたことに気づくのです。

人間は、やはりつながっていたい、社会から必要とされていたいもの。

自分の担っていた何かの役割が終わって心寂しさを感じるようなことがあったら、「役割を果たせそうな場所」を新たに見つけましょう。

よくないのは、「自分は世の中から必要とされていないのではないか」と考えすぎて、内にこもってしまうことです。それがエスカレートしていくと、「必要とされない自分には、価値がないのではないか」といった考えにまで陥ってしまいます。

「必要とされる」ことを受動的に捉《とら》えるのではなく、「自分が何か役に立てることはあるか」「世の中に貢献できることは何か」という視点を持つことが大切です。

人と人、何かと何かをつなぐために自分にできることを探す。血のめぐりもそうですが、人のつながりも滞ってしまうとよくないので、流れをよくする、めぐりをよくすることが大事です。地域のボランティアのようなニーズはたくさんあります。

自分は社会における血液のようなもの、「血の一滴」だと考えてみてください。社会の血液として、役割を果たすことができていると思えたら、あなたは大丈夫。

コラム　ちょっとひとやすみ②――求められていることに応える

私は、「どんな本を読めばいいですか?」とよく聞かれます。その人が読書に何を求めているのかがわかれば、相手に応じていくらでも答えることができます。ただ、「どうしたらモテるようになりますか?」とはあまり聞かれません。私には、そういう問題についてアドバイスできないだろうとみなさん思っているのでしょうね（笑）。

頼られる、アドバイスを求められるということは、他の人たちが「この人はこれがうまい」「このことに強い」と認識しているということです。

あなたが職場の人間関係について相談を持ちかけられることが多いとしたら、周囲からそういう対応力や知恵があると思われているのです。

「なんかいい店ないかな?」と聞かれることが多いとしたら、美味《おい》しくて目的に合ったお店をたくさん知っていると思われているということです。

それは間違いなくあなたの強みです。

応じることで、誰かの役に立っている、貢献できているといえます。

いっぽう、自分が得意とすることと、他人の評価が若干ズレることもあります。

私の研究の専門領域は教育論、身体論です。音読教育の重要性を提起するために『声に出して読みたい日本語』（草思社文庫）を書きました。Ｅテレの『にほんごであそぼ』の総合指導をしていることもあり、私のことを「日本語の専門家」だと思っている人も多いようで、取材や講演でもそういった依頼をよくいただきます。

「私は国語学の専門家ではないので……」とお断りしていた時期もあったのですが、なぜ私にオファーしてくださるのかを考えてみました。専門的な話をしてほしいわけではなく、「テーマに即したわかりやすい話」が求められているのです。それならば「私だからこそできる」と思えます。そう考えてから、自分のジャンルを超えていると思うときも、喜んでお引き受けすることにしました。

人が求めてくれることとは、「きっとこの人ならうまくできるはず」と期待されているのだと考えてみるといいでしょう。期待に応えようと頑張ることで、自分の領域、対応力がぐんぐん広がっていくのを実感できるはずです。

CHECK! ⑰

同窓会に行っていますか?

50歳を過ぎたころから、学生時代のことが妙に懐かしくなってきます。30代は「同窓会」と聞いてもあまり関心が湧かなかったのが、50歳以降になると過去を振り返ることが増えて、昔の友人に会ってみたくなるのです。

何十年ぶりに会った瞬間は「誰だっけ?」とわからなくても、少し話していると、昔の面影をくっきりと思い出し、当時の呼び名で笑い合い、語り合える。

先だって、高校の友人と酒を酌《く》み交わしていたときに、同窓だった女性が最近結婚した、しかも相手は昔の同級生だという話を聞きました。二人の再会のきっかけは、同窓会だったようです。

昔を知っている人であれば、しばらく会っていなかったとしても安心感がある。共通の友人から、これまでのことを教えてもらうこともできます。年月の積み重ねにより、自分にとって価値のあるものが何かを自覚でき、状況判断力も備わっている。人生の山坂をある程度踏み越えてきたこの年齢だからこそ、「この人となら、これからの人生、一緒に歩んでいけるんじゃないか」と思えるわけです。これは、大人ならではの強みだといえます。

出会いというと、見知らぬ誰かのことをイメージしがちですが、視点を変えて、これまでの人生で出会ってきた人と、あらためて「出会い直し」をしてみるというのも、なかなかよいものです。

これは恋愛や結婚に限らず、人生後半のコミュニケーション全般に言えることでもあります。人生後半でいちばん危険なのは、「孤独化」していくことです。できるだけ自分をオープンにして、人とのコミュニケーションを良好にしていくことが大事です。新しく誰かと出会わなくてはと思うのでなく、昔の友人と旧交を温める。

小・中・高の時期を共に過ごしている人とは、カッコつけず気構えずに付き合えます。孤独化を防ぐ最良の仲間は、あなたの記憶の中のあの人かもしれません。

CHECK! ⑱

繰り返し観たり聴いたりしたくなるもの、ありますか？

私は、メッシの出場する試合は全試合観ています。「ああ、すごい！」と感じるところは録画を巻き戻して何度も繰り返し観てしまいます。ゴールシーンだけでなく、パスを出すとかボールを止めるといった動作も、すべてが惚れ惚れするほど素晴らしい。スローモーションで何度も繰り返して観るので、メッシの動きの細部への観察力がどんどんついてきます。そうすると、ますますファンになってしまうのです。

日本人はフィギュアスケートがとても好きです。ジャンプの違いについてまで、サルコウだ、ルッツだ、アクセルだとみんながよく知っています。こんな専門的な楽しみ方を、どこの国の人たちもしているとは思えません。

平昌《ピョンチャン》オリンピックで二大会連覇を果たした羽生結弦選手の演技なども、何度も繰り返し観てしまいます。テレビ番組では、スローモーション映像でわかりやすい解説もしてくれる。「そんなすごいことをしているのか」とわかると、より興味が湧きます。これからも注目したい、応援したいという気持ちが高まっていく。よく観ているから、何度も観ているから、詳しくなっていく。細部がいろいろわかるから、より面白さを味わえるのです。

繰り返し観たくなる映画、繰り返し聴きたくなる音楽、繰り返し読みたくなる本、何度も繰り返すことでその魅力が減退するということはありません。それまで気づいていなかった発見があったり、理解が深まったり、さらに魅力的な部分を見出すことができるのです。

ただ人間には「飽きる」という習性もあります。どこかで「これについては、もういいかな」と思うようになることがあります。けれども、何かを繰り返し味わうことで面白さが深まっていくと知っていれば、繰り返しエネルギーを投入したくなる対象を、また新たに見つけたくなるものです。飽きるところまで繰り返したことのない人は、その楽しみ、深みを知らないということかもしれません。

CHECK!——⑲

最近手に入れた「心ときめくもの」は何ですか？

心がときめくもの——これはその人が何に価値を感じているかが現れます。

私はあるCDを何年も探していたのですが、あるときネットで売られているのを発見して、買うことができました。他の人にとっては不要のものでも、私にとっては心ときめく「お宝」だったわけです。

骨董やアンティークが趣味の人が、掘り出し物を見つけてドキドキワクワクする気持ちが少しわかった気がしました。

何かにハマって、コレクションしている人もいます。

「限定品」と聞くともうじっとしていられなくなる人もいます。

マンホールカードというものをご存知でしょうか。私もあるバラエティ番組で知ったのですが、マンホールの絵柄というのは自治体によってさまざま。それをデザインし、各自治体の情報や名産・名物などを記したカードを発行したところ、たいへんな人気になり、今や２００種を超えるカードが出ているそうです。ご当地ものという限定感もあります。マニアックなものを集めるのが好きな人は、１枚増えるごとに心ときめかせているのでしょう。

新しいものに心ときめくタイプの人もいます。新しい家電やデジタル機器が発売されると、気になって仕方ない。最近ですと、スマートスピーカーや新型ａｉｂｏなどはそうかもしれません。

入手が困難なコンサートチケットが取れたとか、半年先まで予約がいっぱいのお店の予約が取れたというようなことも、心ときめくもののひとつです。

その日、その時間が楽しみなのはもちろんですが、ワクワクした気持ちを持ちつづけられる「そこまでの時間」も楽しいもの。

ときめきのタネをたくさん持っている人は、人生がいつもいろいろな楽しみで彩《いろど》られています。

幸せを感じやすい、言い換えれば、幸せの感受性の高い、すばらしい人生なのです。

CHECK！――――⑳

「この歳にして初めて」挑戦したこと、何かありますか？

歳を重ねることのよさは、豊富な経験を積み、たいていのことはなんとかできる知恵を身につけていることです。しかし、経験値があることで、「新鮮な刺激」を遠ざけてしまうこともあります。知っていること、慣れていることは、安心です。同じようにやっていれば、失敗も起こりにくい。どうしても失敗は避けたいものです。だから、だんだん新しいことに挑まなくなってしまうのです。

慣れや安心があることによって、それだけ心が動きにくくなってしまう。

感性を錆びつかせないためには、新しいものや未知の体験に関心を持つ気持ちを失わないことが大切です。

「この歳にして初めて」。そんな体験を積極的にしていきましょう。

今まで行ったことがないところに行ってみる。やったことのないことをやってみる。

それを「初〇〇」と呼び、「今日は初〇〇をした」と手帳に書き記す。

そうすると、その日が、新鮮な活力を得た記念日のように思えてきます。

私は、ずっとハワイに行ったことがありませんでした。なかなか機会がなかったのです。55歳のときについに「初ハワイ」を体験。本物の拳銃で実弾射撃を体験できるガンクラブに行き、「初射撃」にも挑戦しました。拳銃を撃つというのはどういう感覚のものなのか、やはり実体験しなければわかりません。

昨年は、「地下アイドルのライブ」を初体験しました。

ヒット曲のコピーを歌うのかと思ったら、ちゃんと自分たちのオリジナル曲があり、ファンの人たちとのかけあいの形も完璧でびっくり。ダンスも素晴らしいのです。

ひとつのグループだけで「これが地下アイドルか」と思い込んではいけないので、何グループか見に行きました。それぞれ自分たちの世界観がしっかりあります。「かわいい」が進化した日本文化のひとつとして、成立していると感じました。

初めて体験することは、新鮮な驚きに満ちています。湧き立つ感覚があります。新鮮な刺激は、脳と心に活気を与え、アンチエイジング効果をもたらすのです。

CHECK!――――――㉑

身体と心の「循環」をよくしていますか？

誰もが気になる健康問題。健康診断や人間ドックを欠かさず、さまざまな検査で病気の有無を確認していても、病気になってしまうことはあります。ネットなどには無数の健康法があふれており、何がいいのかを見極めることも難しくなっています。

私が、身体と心にいいと思っているのは、「循環をよくする」という視点です。

肩こりも冷えも、血のめぐりが滞《とどこお》るために起こる症状です。身体の不調の多くは、血のめぐりからきています。血のめぐりがいいと、深い呼吸をしやすくなります。新鮮な酸素が血液に取り込まれるので、脳は活性化し、血液循環はさらによくなります。

呼吸が深くなり、息がしっかり吐けると、心が落ち着きます。

たとえばパニックになっているときは、頭にカーッと血が上ってしまっています。ゆっくりと息を吐ききることに集中して呼吸をしていると、次第に治まって落ち着きを取り戻すことができます。

血液のめぐり、息のめぐり、気のめぐりは三位一体なのです。とにかく流れをよくする、循環をよくすることを心がけると、身体も心も整います。

今、自分はどこが滞っているか。その流れをよくするためには何をすればいいか。肩こりがひどかったら、肩甲骨をほぐす。そうすると腕の動きもスムーズになりますし、肩こりからきていた頭痛や不快感も消え、スッキリする。肩から背中にかけて動きやすくなるということは、呼吸にもいい影響を与えています。

悩みやストレスで心がウツウツとしているのは、負の感情が滞留している状態です。滞った「気」が流れていく先を失っているのです。こういうときは、心の循環をよくする。感動して涙を流す、話をしたり笑ったりして吐き出す、趣味に没頭する――これらは心の中で滞っていたものを流してくれます。だから、爽快感が湧くのです。

つかえが取れてめぐりがよくなると、いろいろな問題が解消されていきます。

心身の健康維持のためには、自分を流れのいい状態に保つことが欠かせません。

CHECK!――――――――――――――――――――――㉒

自分の「機嫌をよくする」方法、自覚していますか？

基本的に、上機嫌でありたいものです。前項でお話ししたように、不機嫌になってしまう原因は、どこかに滞りがあるから。その滞りをどんどん流し、努めて上機嫌を維持することが、大人の生き方です。

では、どのように機嫌がいい状態を作っていくか。

たとえば、イヤなことがあったとしましょう。あなたは「これをやればスッキリする」という方法を持っていますか？

不快な気分を流す方法として、涙や笑いや会話で吐き出してしまうことがありますが、その他にも、そのイヤなことから「距離」や「時間」を置くという手があります。

心がザワつくことがあるとき、私は「アルビノーニのアダージョ」という曲を聴きます。優美なオーケストラの調べにひたっていると、現実の腹立たしいことなどスーッと遠くなっていきます。

時間に余裕があるときは、映画を立てつづけに3本くらい観ることもあります。現実と大きな隔《へだ》たりのある世界で濃密な時間を過ごすことによって、たった半日で、とんでもなく遠くまで旅をしたような感覚になるのです。そうすると、イヤなことなんて、はるかかなたに消え去ってしまいます。

落語を聴くとか、必ず大笑いできるライブを観るのもいいでしょう。綾小路きみまろさんのライブが50代以降の大人の女性たちに人気があるのも、毒舌漫談に爆笑することで、スッキリ機嫌のよい状態に立ち戻れるからかもしれません。

気分をスッキリさせられる方法と共に、「自分の気分を必ず上げてくれるもの」を把握していると、いっそう心を安定させやすくなります。

好きなアロマの香りをかぐ人、手ざわりが気持ちよくて「これを触っていると落ち着く」というお気に入りのものがある人、ペットが最高の癒しだという人もいます。

それがあれば、どんなときにも笑顔になれる。自分にとっていい心の循環を生むスイッチのようなものは何か。それをわかっていると、とても生きやすくなります。

CHECK! ㉓

宅配便が来たとき、いつもにこやかに荷物を受け取っていますか？

これまで「上機嫌」の作法について述べてきました。

しかし、「機嫌をコントロールするなんてとても難しそう」そんなふうに思われる方もいるかもしれません。

実はこれ、習慣化することでできるようになるものなのです。

かつて「不機嫌顔」を常態としていた私が変わることができたのですから、どなたでもできます。

自分の心の状態が安定していて、つねに機嫌がよければ、周りとのコミュニケーションもうまくいきます。結果として社会とのつながりも良好になるわけで、これは人生後半には必須といえる要素です。

たとえば、自宅に宅配便の配達の人が来たとき、いつも上機嫌でにこやかに荷物を受け取るようにする。

たったこれだけのことが、上機嫌キープのいい練習になるのです。

インターホンが鳴ると、そのときやっていたことの手を止めることになります。作業や思考が中断されます。それに対してついイラッとしてしまい、その気分のまま仏《ぶっ》頂面《ちょうづら》で対応するのではなく、ニッコリ愛想よく対応する。

私は、肩を2、3回グルッとまわし、軽くジャンプしてから出ることにしています。

そして、「いつもありがとうございます」とか、「暑いなか、お疲れさまです」と笑顔でひとこと労《ねぎら》いの言葉をかけます。

イライラを瞬時におさえて、機嫌よく応対する。

コンビニでちょっと買い物をするときも、移動のときに乗ったタクシーの運転手さんにも、自分に無理のない程度で機嫌よく応対する。

意識してこういうことを続けていると、そのうちに、「誰に対しても機嫌のいい自分」が標準モードになります。いつも上機嫌なあなたが完成しているのです。

CHECK! ㉔

愚痴や弱音を気兼ねなく話せる人がいますか？

自分の中に湧いたネガティブな感情は、溜《た》めてしまうと雪だるま式に膨《ふく》らんでしまいがちです。

溜め込まない、滞らせないで流せる場を持つ。

これは自分の循環をよくするための大事な要素です。

つねに上機嫌を維持するとは、「無理やりいい人を演じる」ことではありません。

自分自身を気分の朗らかな状態に保とうとすること。そのためにもネガティブな感情、ストレスのタネになりそうなことは、こまめに吐き出してしまったほうがいいのです。

誰かに話すことには、デトックス的な効果があります。

ただ、どんなに気心の知れた人でも、いつも一方的に愚痴ばかり聞かされていたらうんざりします。お互いに言い合える、聞き合える関係でいたいものです。

コラム　ちょっとひとやすみ③――簡単呼吸法で自分を整える

座禅や瞑想のやり方を知らなくても、どこでも簡単にできるセルフコントロール法をひとつご紹介しましょう。それは私が考えた「3・2・15の呼吸法」です。

3秒かけて鼻から息を吸い、2秒溜める。そして15秒かけて細くゆっくりと息を吐ききります。慣れないうちは、吐くのは10秒くらいでもかまいません。これを1セットとして3～6回やります。息を「吐ききる」ところが肝心。完全に吐ききることで、次にまた大きくたくさん吸える、深い呼吸ができるようになっていくのです。息が長く続くなら吐く秒数を15秒以上に伸ばしてかまいません。

これを続けるだけで、副交感神経の働きがよくなり、自律神経のバランスも整い、心が落ち着きます。身体からよけいな力みが抜けて、自然体になれますし、身体が柔軟になったように感じます。ぜひ試してみて、あなたの「自分を機嫌よくする方法」のひとつに加えていただけたらと思います。

CHECK!――――――㉕

最近、美術展やコンサート、観劇に行きましたか?

すごい才能に触れ、新鮮な刺激を浴びることができるのが芸術鑑賞です。

刺激を求めるエネルギー値の高い人は、面白そうなイベント情報に接すると「これはぜひ行ってみたい」と行動に移します。面白がる気持ちよりも億劫《おっくう》な気持ちが勝ってしまう人は、心が動きにくく、行動する意欲が低下しているのかもしれません。

コンサートや観劇はお金がかかると言う人もいますが、行き慣れている人は、安くチケットを入手する方法もよく知っています。そういう知識や情報を得ようとする感覚も含めて、感度がいい。それも行動力とつながっています。

自発的に「これに行きたい」と思うことが見つからなかったら、家族や友人が興味を持っているものに乗っかって、一緒についていってみてもいいでしょう。

行ってみたけれど、内容がよく理解できなかった――それでもいいのです。生で観た、聴いた、その場の空気と雰囲気を自分で体感した、ということが大きいのです。
たとえば、歌舞伎を生で観る。舞台の華やかさ、花道を行き来する役者の風情や息遣い、囃子方《はやしかた》の唄や三味線の響き、大向こうからかかる「〇〇屋!」のかけ声といった雰囲気を、一度でも味わったことがあると、その後、テレビで歌舞伎を観ても、劇場の臨場感を想像できます。そうすると、面白さがまるっきり違ってくるんですね。

オンライン動画配信サービスの充実で、今は演劇なども配信で観ることもできます。家にいながら楽しめるのはとても便利ですが、「あの劇場で実際に観たことがある」といった体験があるのと、生の味わいをまったく知らずに観るのとでは、同じ映像を観ていても受け取るものが異なります。

絵画、美術作品にしても、直《じか》に見るゴッホの色彩、運慶の造形の迫力などは、まさに「百聞は一見に如《し》かず」です。

芸術に触れるいちばんの意味は、人が「命のエネルギー」を注いで生み出しているものに出合い、そこにみなぎるパワーを感じることにあります。

敷居を高くしなくていい。命のエネルギーを感じることこそが大切なのです。

CHECK! ㉖

「検索力」に自信がありますか？

みんなインターネットを便利に使っていますが、なにをどう検索するか、つまり「検索力」は、人によって非常に開きがあります。

私は大学の授業の中で、「三語のキーワード検索」を学生にやってもらうことがあります。どういうキーワードを入れると、求めているものがスッと出てきやすいのか、言葉の選び方ひとつでどれくらい差が出るのかが、とてもよくわかります。

テーマを出して、これについて検索をかけて知り得たことを発表する、ということもやってもらいます。

たとえば、「松阪の一夜」というお題を出します。江戸時代の国学者、本居宣長《もとおりのりなが》が賀茂真淵《かものまぶち》と対面したときの逸話です。「みんな調べてくるわけですから、同じことを言っても仕方ない。できるだけ他の人と被《かぶ》らないような話をしてください」と言います。浅いところだけで魚をすくっていると、人と被りやすくなります。深いところまで潜っていって「へえ、そんなこともわかったの?」というほど希少な、言わば〝深海魚〟を釣り上げてきてほしいのです。

検索力というのは、調べて引き出す力だけでなく、見極める力も必要になります。ネット上には膨大な情報がありますが、情報の質は玉石混交《ぎよくせきこんこう》。どこからどう得たのかわからない怪しい情報、間違った情報もあれば、意図的なフェイクニュースもあります。

この情報は信用に足るものなのか、参考にして大丈夫なものなのかを判断するのは自分自身です。その見極めをきちんとできてこそ、検索力があるということになります。そのためには、「これは誰が、何のために発信しているのか」「典拠、元々の情報源が明確か」ということを冷静に見定めることが大切です。

今や検索力は非常に重要なスキルです。検索力があると、世界をどんどん広げていくことができます。つながりをたどって、どんどん知識や興味を広げたり深めたりすることができるのです。意識して磨けば、あなたの人生をより豊かにできます。

CHECK! ㉗

哲学や宗教について、関心がありますか？

哲学に関心を持つ時期が、人生には三度あるのではないでしょうか。

第一期は高校生から大学生ぐらいの青年期。自意識の目覚めがあり、自分とは何なのか、生きるとは、働くとは何なのかという疑問を持つようになります。そこで哲学との最初の出合いがあります。しかし、哲学書に親しむようになる人もいるいっぽうで、そこまで手が伸びない人もいます。

社会に出ると、哲学的思考と少し距離ができます。現実社会は生産性と効率を追い求めていますから、「四の五の理屈を言う前に、仕事を覚えて一人前になってくれ」と求められる。仕事に忙殺されて、あまり深く思考に沈潜《ちんせん》できなくなるのです。

第二期、これは40歳を過ぎて社会での自分の立ち位置が定まってきたあたりで、生きることの根本に立ち戻りたくなる。哲学というものを、自分の生き方とすり合わせて現実的にとらえて、学生時代に触れた哲学に回帰したり、あるいは新たに哲学書を繙《ひもと》きたくなったりするのです。

第三期は、死を意識しはじめたとき。まわりの人の死に接する機会が少しずつ増え、自分自身の死というものについても考えずにはいられなくなってきます。自分は恐れずに死を迎えることができるのか。哲学的、あるいは宗教的な思考に触れ、生と死を深く見つめるようになります。

第二期と第三期が別々に訪れる人もいますし、第二期段階でいろいろ学んでいくなかで、そのまま死の哲学にも踏み込んでいく人もいるようです。

歳と共に人の葬儀に列席する機会も増え、宗旨・宗派による流儀の違いに接することも増えます。

自分の家の代々の墓や仏壇などの管理も担うようになることで、自ずと関心も強くなってきます。

心が欲《ほっ》するようになったというのは、人生のそういう時期に入ったということ、哲学や宗教のことをあらためて学び直してみるいい機会です。

CHECK! ㉘

新しいことを始めるとき、独学で頑張ろうとしていませんか?

趣味を持ちたい、知識や教養をつけたい、資格を取りたい――。

新しいことを始めようとするとき、教室、講座などに通って「習う」ことを考えるか、まずはハウツー本などを読んで「自分で」基礎知識をつけようと考えるか。

人生の中盤以降から始めるのであれば、私は「先生につくこと」をお勧めします。

何でもそうですが、基礎はそんなに面白いものではありません。たとえば楽器を始めるにしても、基本の音の出し方がマスターできるまでは、退屈な練習の積み重ねです。でも、メロディを奏《かな》でられるようになり、曲を演奏できると、俄然楽しくなる。

先生は、その道の「水先案内人」です。

いい案内人の指導を受けると、早く、楽にできるようになるのです。

ゲーテも独学に対しては否定的です。

素人が独学で始めると、その基礎作りにものすごく時間と労力がかかってしまう。おまけに面白くないから、続かない。独学で始めるタイプの人は、「基礎ができるようになったら、本格的に先生に教えてもらいに行こう」と考えることが多いのですが、基礎ができる前に挫折してしまうことが非常に多いのです。

なぜ「基礎のところは自分でやってみてから」と思うのか。それは「恥をかきたくない」という気持ちがあるからではないでしょうか。

でも、最初はできないもの、知らないものなのです。それを恥ずかしがる必要はありません。自分がいかにできないか、いかにその分野のことを知らないかを知ることは、大きな気づきになります。それを楽しめるくらいになればしめたもの。

兼好法師は「能」について、恥ずかしがらずに人前でやってみせることが上達の早道だと言っています。

何かを習いに行くことのいいところは、人との関わりにもあります。そこに行けば必ずコミュニケーションがある。先生とのやりとりもあれば、教室の仲間との交流もあるでしょう。定期的に人と関わる機会が生まれることも大事な要素です。

CHECK! ㉙

ひとつのことが長続きしますか？

何かを始めてみたものの、どうも長続きしないということがありませんか？　でも、それは自分が本当に求めていることではなかった、自分にとって必要なことではなかった、と思えばいいのです。それを理由に「何かを始めても、また続けられないかもしれない」と行動をためらうのはもったいないこと。

自分に合わないということも、やってみたから気づけたわけです。いろいろ試行錯誤をしているうちに、「これはいくらでもやっていられる」と思うものや、「これだけは手放せない」と思うものが見つかります。諦めるのも一つの学び。合わなかったことは自分の志向性をひとつ「明《あき》らめる」ために役立ったのです。

「残念ながらご縁がなかった」と考えて、新しいご縁探しに挑みましょう。

CHECK! ㉚

発表会など、人前で何かを披露する機会がありますか？

人間、適度な緊張感があったほうが気持ちにハリが出るものです。目標を決めずにただなんとなくやるよりも、日にちを定め、そこに向けて集中して準備したり練習を積んだりすることは、上達の早道でもあります。

発表会の他、検定や昇段などの試験を受けるとか、どこかに投稿するというのも同じです。オープンなスタンスでいきましょう。

「ハレ」の場があるからこそ、「ケ」のなかで努力研鑽《けんさん》することへの張り合いが湧くのです。自分をさらすことを怖がらず、楽しんでください。

プレッシャーを感じながら集中する状況に自分の身を置いていると、どこかで自分の中で眠っていたものがハッと目覚めるような、はじけるような感覚があります。

その覚醒感覚も、何かを身につけていくことの面白さ、快感のひとつです。

CHECK！———————————————㉛

何かにどっぷりハマり込んだことがありますか？

私が大好きな『タモリ倶楽部』（テレビ朝日）や『マッコの知らない世界』（TBS）といった番組を見ていると、何かの魅力に取りつかれて止《や》みがたいエネルギーを注いでいる人が、実に楽しそうに自分のハマっている世界の話をしています。

興味の向かう先は多彩ですが、あそこに登場する人たちに共通していることがあります。それは、みんなただ「好き」なだけでなく、実によく「細部を味わっている」ということです。

「これにはこういうよさがある」「（味、匂い、感触、見た目など）この感じがたまらない」といった具合に、細部への思い入れが尽きない。タモリさんやマツコさんが微細な違いに気づいて何か言うと、「あっ、よくぞそこに気づいてくれました」と喜色満面、ますますうれしそうな表情になります。

それをやっていれば幸せ——つまり、ハマれるものを持っている人は、確実にひとつの幸せを手にしています。好きが高じて、その道の専門家になってしまう人もいます。そうすると、好きなことが実益にも結びつくというさらに幸せな循環になります。何かに深くハマり込む状態というのは、細部の違いがわかるようになることだと思います。人があまり気づかない違いに気づけるから、いっそう味わい深くなるのです。先日私は御殿場で雲海にそびえる富士山を見て、刻一刻と美しさを変える奥深さに魅了されました。富士山を毎日見て育ったのに、まだ知らない富士山の顔が無数にあるのに驚きました。

画家は同じモチーフを何度も描くことがよくあります。モネは睡蓮を、セザンヌはサント・ヴィクトワール山を、何度も描いています。「いつもと同じ池の睡蓮」「いつもと同じ山」ではなく、見るたびに表情が違うことに気づき、ハッとして心が動く。今のこの姿を表現したいと思う。だから、何回描いても描き尽くせないわけです。

逆に言えば、何をするにも五感をフル稼働させて細部への観察力を働かせて対象に向き合うようにしていると、その奥に潜んでいる面白さに気づきやすくなるのです。

CHECK! ㉜

「目利き」の能力、磨いていますか？

あるもののよしあしをパッと見極められる目を「目利き《めき》」といいますね。目利きの人というのも、細部への気づきが多いのです。深い知識があり、実際にたくさんのものを見て感覚を磨いているから、判断ができるのです。

私が散歩の際、よく歩いていた通りに、ペルシャ絨毯《じゅうたん》を扱うお店がありました。きれいだなあと思って飾られている絨毯を眺めているうちに、店のご主人がいろいろ話を聞かせてくれるようになりました。ペルシャ絨毯の歴史から始まり、ひと口にペルシャ絨毯といっても産地によって特徴があることや、素材、織り柄、色味の特徴の違いまで、実際の絨毯をたくさん見せながら説明してくださいました。縦糸と横糸の結び目の細かさで等級が違うことから、織り目の見方までとても丁寧に教えてくれました。

そんなレクチャーを繰り返し受けているうちに、だんだんペルシャ絨毯のよしあしがわかってくるようになります。違いがわかってくることで、絨毯を見ることが、ますます面白くなってくるのです。

ただ困るのは、違いがわかってくると欲しくなること。さらに困ったことに、いいものが欲しくなる。ペルシャ絨毯のいいものは、たいへん高価です。これが怖い。それで、しばらくその店の前を通るのを避け、別ルートを通るようにしていたこともありました。

何かについて詳しくなって、もののよしあしがわかると、深い喜びがあります。知れば知るほど奥深いところへ行ける。つまり、年輪を重ねていくほど味わいがより深まるわけです。

人生後半の楽しみとして、何かの目利き能力を磨くというのは、非常に楽しいと思います。いいものに出合うと所有したくなる気持ちとの葛藤も生じますが、それを身近なところに置いて眺められるというのは、自分を機嫌よくさせるものを増やすことになります。余裕ができた年代だからこそ味わえる世界といえそうです。

コラム　ちょっとひとやすみ④――「沼」の住人

「齋藤先生、特定の何かにハマり込むことを『沼』にたとえることがあるんですよ」と知り合いの編集者が教えてくれました。第3章で詳しく解説しますが、たとえば、カメラに凝っているうちにライカに出合い、その魅力にノックアウトされる。ライカは世界的なジャーナリストたちも愛好するブランドで、はっきり言ってとても高価。でも、ライカのカメラを手に入れたら、次は交換レンズが欲しくなる。さまざまなパーツも取りそろえたくなる。これを「ライカ沼」と呼ぶのだそうです。

あるいは、文具好きな人が万年筆に興味を持つうちに、ペン本体だけでなくインクに心惹かれ、いろいろなインクを集めるようになる。現在、インクのカラーバリエーションは驚くほど豊富で、その「インク沼」にハマる人も少なくないのだとか。

ズブズブと一体どこまでハマってしまうんだろうかという若干の怖さがありながらも、抗《あらが》えない魅力に取りつかれている。そんな状況が「沼」という言葉でうまく言い表されていると思います。

沼にハマった人を「沼の住人」と言うそうで、これもまた面白い表現です。

私も過去にいろいろな沼にハマってきました。専門的に何かを研究することを職業にしようと考える人は、だいたいみんなハマり体質、「沼の住人」なのです。

私の場合、ひとつの沼だけに浸りつづけるのではなく、短期集中型です。ある時期猛烈にハマるのですが、自分の中での旬が過ぎると、関心が別のものへと移っていくタイプなのです。ただ、このおかげで沼に足をとられて抜け出せなくなるようなことがなくて済んでいるとも言えます。

ひとつの沼だけにあまり深く沈潜《ちんせん》しすぎてしまうと、まわりが見えなくなります。「もっと、もっと」という気持ちが、客観性を失わせてしまうこともあります。お金が続かないのに散財を止められないようになると、それはかなりまずいです。

大人の沼の楽しみ方として大切なのは「節度」です。人生をもっと豊かにしたい、楽しくしたいと思ってやることですから、底なし沼に入ることは避けたほうがいいでしょう。ワクワクよりも、ドキドキ、ハラハラすることが増えてきたら要注意！

CHECK! ㉝

若手の活躍を、素直にほめることができますか？

よく「俺たちが若いころはもっと大変だった。今のやつらは楽でいいよな」といったことを口にする人がいます。自分たちのほうが苦労して頑張っていたと言いたいのでしょうが、大人の余裕が欠けているように聞こえます。

アラフィフともなれば、人間として練《ね》れてきた世代。ふさわしいのは、現在の状況の中で、活躍したり功績を上げたりしている後輩や部下を素直に評価し、ほめたたえる姿勢です。それができるのが、真の大人というものです。

ビートたけしさんはよく、「今の漫才の若手は、俺たちのころよりずっとうまいよなあ」と言われます。漫才コンビではサンドウィッチマンをとても評価していて、「あいつらはほんと腕がいいよね」と嬉しそうにほめられます。

将棋の羽《は》生《ぶ》善治《よしはる》竜王は、活躍目覚ましい藤《ふじ》井《い》聡《そう》太《た》六段について問われたインタビューで、「粗削りな部分がなく、私の中学時代と比べてもレベルが違う。驚異的なスピードで昇段し、これからもどんな活躍をするか楽しみ」と話していました。羽生さんと藤井さんは、対局で勝負を競うことがあるわけです。負ければやはり悔しいはずです。しかし、そういう相手の才能をはっきり認め、賞賛している。素晴らしいですね。

サッカー界のレジェンド、三浦知良《かずよし》選手は、親子ほど歳の差のある若手選手にも「それどうやったらできるの、教えて」と聞くのだそうです。キャリアの長さに関係なく、もっとうまくなるためには若手からも学ぶ。そういう真摯《しんし》な姿勢の現れです。

また、テニスのフェデラーなども、よく若手選手のことを「すごい才能だ」と激賞しています。

一流といわれる人は、うしろから迫ってきて自分の立場をおびやかしかねない相手のことも素直に認め、ほめることができるようです。妬《ねた》みもひがみもしない。またそういう人だから、みんなからリスペクトされるのでしょう。

狭量な嫉妬心や虚栄心から脱却し、頑張っている若手を素直にほめられる人、応援できる人は、とてもさわやかだと感じます。

CHECK!――――――――㉞

「競争には参加しなくていい」と感じるようになっていますか？

好むと好まざるとにかかわらず、私たちは他者との比較を意識せざるを得ない状況で生きています。

とはいえ50代になると、同僚の誰が先に昇進した、誰が何のポストに就《つ》いたといった競争もそろそろひと区切りです。「いや、自分は役員になって、ゆくゆくは社長を目指す」という人はまだ競争が続いていきますが、そういう生き方を求めない人は、競争意識や嫉妬心を削《そ》ぎ落としていくほうが楽になります。

孔子の言葉に「四十《しじゅう》にして惑《まど》わず、五十にして天命を知る」があります。惑わずには、「人との比較において心が揺れ動かなくなる」ということもあると思います。そして、50歳で自分の天命を自覚する。

人と自分の境遇を比べ、うらやましく思ったり、ねたましくなったりする感情は、必ずしも悪いものではありません。その思いが「よし、自分だって」と奮起する気持ちに火をつけることもあります。しかし、40代以降になると、他者との勝ち負けを意識することは幸せなことなのだろうか、と疑問を抱くようにもなるはずです。

これから人生後半をどう生きるか。つまり、何を求めて過ごしたいか。

自分が目指すべきものが絞り込まれて肚《はら》が決まってくると、心がどんどん整理されていきます。「他人は他人、自分は自分」と思えて、嫉妬心も消えていきます。

アインシュタインはこんなことを言っています。

「私はもう頭のいい人たちの競争に参加しなくてもいい。〔この競争に〕参加するのは、カネと力への欲望に劣らず悪い、おそろしいタイプの奴隷制のようにずっと思っていました」（『アインシュタインは語る』、林一・林大訳、大月書店）

評価や名声にまつわる競争が、アインシュタインは好きではなかったようです。もうそこに関わらなくてよくなることにホッとしていると手紙に書いているのです。

「競争に参加しなくてよくなった」と考えると、気持ちが軽やかになるのではないでしょうか。その先に、豊饒な世界があるのです。

CHECK! ㉟

無意識に「でも」「だけど」と口にしていませんか？

「でも」「だけど」「そうはいっても」など、相手の言葉に対して、否定的な受け答えばかりする人がいます。相容《あいい》れない意見があるわけでもないのに、反意的な接続詞を使っている人も意外といます。口グセになっていることに気づいていないのでしょう。

若いころでしたら年長の人が気さくに注意してくれたりしたでしょうが、40代、50代の人に対して、このようなちょっとした言葉遣いを指摘してくれる人はなかなかいません。ですから、いっそう自分では気づきにくい。

言葉のクセは、思考にも影響を与えます。無意識に否定形の言葉をよく使っている人は、思考にも否定的なクセが見られることが多いです。自分は機嫌よく接しているつもりなのに、どうも誤解されやすいといったことはありませんか？

それは否定から入ってしまうところに原因があるかもしれません。

CHECK!㊱ おしゃべりする力、雑談力を磨いていますか？

私はホテルのティールームで仕事の打ち合わせをすることがあります。4、5人の女性グループが隣に座るととても賑《にぎ》やかで、私の話し相手の声が聞こえにくくなるほどです。これが男性のグループだとそんなことはない。声の高さもあるでしょうが、基本的に男性は、誰かが話しているとき、他の人は聞き役に回る。ところが、女性は5人いたら3人が同時にしゃべっています。だから賑やかになるのです。

では、どちらの脳が活性化しやすいでしょうか。ひとつのボールを5人でやりとりするのと、複数のボールが同時に行き交うのとでは、複雑で面白いのは後者です。

雑談を交わす力、おしゃべりする力は、人生後半のコミュニケーション力のためにも大事なものです。雑談力を磨きたいなら、男性は同性だけで話をするのではなく、女性に入ってもらったほうが、より活発なコミュニケーションになるはずです。

CHECK! ㊲

お店でついついクレームをつけること、ありませんか？

クレーマーになってしまうのは、自分のネガティブ感情にうまく折り合いをつけることができていない人かもしれません。

劣等感など負の感情を抱え、強いストレスがある。しかし孤立していて、話し相手がいない。だから、抑圧された感情のはけ口を求めているのです。

それが、自分よりも弱い立場の人に向かってしまう。「お客さん」は、商品やサービスを提供する側より強い立場に立てます。自分より若い店員さんにだったら、強く言いやすい。不満や怒りを、そういうところに向けて発散しようとするのです。

ブツブツとネガティブな独り言を言っているような人、街中で大声を上げてどなり散らしている人なども、抑圧された感情の出方が違うだけで、心理的な状況はほぼ一緒です。

もし自分がそうなりかけたら、どうしたらいいのでしょうか。

一度、自分の抱え込んでいる否定的な感情について「棚卸し」をして、それが何に基づくものなのか、整理してみることです。それには、ありのままの自分の現状を受けとめることが必要です。「自分には劣等感なんかない」と逃避するのではなく、「劣等感はたしかにある。これは何からきているものなのか」と考えて、その感情との折り合いのつけ方を考えるのです。

ネガティブ感情にフタをしてしまうのではなく、それを受け入れ、正体を見定めて、そして手放す努力をする——。手放す努力というのは、たとえば、競争社会から距離を置くようにするとか、何か別のところで自信や自己肯定感を持てるようにするとか、泣いたり笑ったりして感情を流す、吐き出す、循環をよくする、といったことです。

他者との関わりをあまり持たなくなって孤立してしまうと、話し相手がいないだけでなく、客観的な自分の姿も見えにくくなってしまいます。クレームを言っている姿が、他人からどのように見えているのかわからなくなってしまうのです。

人間は、社会の中にあってこそ人間なのです。

CHECK! ㊳

自分を笑い飛ばせますか？

「笑い」の本質は、真っ当な感覚を突き破ったり覆《くつがえ》したりして、「崩す」「壊す」「ひっくり返す」ところにあります。破顔大笑、抱腹絶倒《ほうふくぜっとう》という言葉からもわかるように、大笑いすることとは、顔の表情を崩したり、腹を抱えて笑い転げたりすることです。

何でも真面目に向き合いすぎると、息が詰まる。行き詰まってしまう。だから、状況を突き崩して笑うことは、人間が古くから持っている知恵だったわけです。

笑うことで免疫力に重要な役割を果たす遺伝子のスイッチが入り、実際、免疫力も高まるといわれています。人生後半を明るく生きるためには、笑いが大切です。

とくに、「笑い飛ばしてしまう」感覚は大事ですね。

前述した綾小路きみまろさんの毒舌漫談は、中高年世代をからかうようなネタばかりです。けれども、そのからかわれている年代の方たちにウケる。なぜかといえば、みんなが「そうそう」「確かにあるある」と思うようなところにズバッと斬り込んで、悲哀の部分を笑いに転化しているからです。

「何にも要らない、あなたがいれば。あれから四〇年。何でも欲しい、あんたは要らない」

「ボディスーツ、無理して着ればボンレスハム」

笑うには、前提となる常識的な感覚が共有されている必要があります。知らないことでは笑えない。何かが変で、その変なところに気づけない限り笑えないのです。

自分自身もよくわかる感覚のネタに対して、まともに向き合って「ひどいこと言うわね」と怒るのではなく、受け入れて、そのひっくり返した視点の面白さを一緒になって笑う。そこには自分もまたはじけていくものがあります。

それができるから、爽快になれるのです。

自分の常識の殻を破り、はじけることを楽しめるようになると、突き抜ける感覚が生まれてきます。

50歳以降はぜひ、いろいろな憂いを笑い飛ばしていきたいものです。

CHECK!――――――――――――――㊴

最近、「えっ、そうだったの？」と再発見したことがありますか？

「そだねー」。平昌オリンピックで銅メダルを獲ったカーリング女子チームが試合中によく使っていた言葉で、流行語にもなりました。北海道の方言のようですが、選手たち自身はみんな、それを方言だと意識したことがなかったようです。

地方色というのは、その中にいる当事者は意外と気がつかないものです。外側からの客観的な視点があることで、あらためて気づくのです。

方言もそうですが、食文化にもいろいろあります。故郷で暮らしていたときは当たり前に食べていたものが実は地元ならではのものだったことに、東京に出てきてから気づくことがあります。

私は静岡出身です。静岡のおでんには、必ず黒はんぺんが入っています。私はずっとそれが当たり前と思っていたので、東京に出てきて「はんぺんは白でしょ」と言われて「えっ?」とびっくりしました。

『秘密のケンミンSHOW』(読売テレビ)で「こういう食べ方しているのはここだけですよ」と伝えられた地元の人たちが、「えっ、うそでしょ?」と衝撃を受けるシーンがあります。今の日本は、情報も流通も、隅々まで行き渡っています。ほとんどのことは全国的に共有されているにもかかわらず、いまだに食べ物の風習は土地土地で違いがある。これは、とても面白いことです。

今、私は静岡に帰ると、黒はんぺんが入った静岡おでんや生の桜えび、生シラスなどをよく食べます。若いころは、都会のものが地方で手に入ることに価値や喜びを感じますが、歳を重ねると、その土地ならではのものに価値を見出すことができるようになる。

これは人でも同じです。みんなと同じことではなく、その人ならではの持ち味に、価値や意味をどんどん感じられるようになります。

それまでの常識が、実は当たり前ではないということに気づくと、自分が揺さぶられる感覚があります。その感覚が、新たな価値を運んできてくれるのです。

CHECK! ㊵

語彙力を鍛えていますか？

人生後半の語彙《ごい》力磨きとしてお勧めしたいのは、俳句、短歌、川柳になじむこと。小学生から超高齢者まで、今、俳句や短歌を楽しむ人が非常に増えています。サラリーマン川柳などもたいへん根強い人気があります。

俳句、短歌、川柳は、わずか17音、31音の言葉で紡《つむ》ぎ出す「定型詩」です。世界中を見ても、こんなに短い言葉数で詩を生み出す文化というのはあまり例を見ません。日本が誇るべき伝統文化です。

その短い中に、季語を入れたり、情景が目に浮かぶような表現を考えたり、自分の感情を細やかに伝えたりしなければいけない。やはり「詩」ですから、日常的な言葉づかいとはひと味異なる言葉を練り、言語感覚を研ぎ澄ませることになります。

そのために、ものをよく見、よく考えるようになります。

優れた句や歌に触れると、言葉のセンス、感覚の奥深さに惚れ惚れします。

人間をやめるとすれば冬の鵙《もず》　加藤楸邨《しゅうそん》

湯豆腐やいのちのはてのうすあかり　久保田万太郎

「人間をやめる」にドキリとします。湯豆腐を見て人生の深淵を語るのもすごい。

ご夫婦で歌人の永田和宏先生と故河野裕子さんの歌も私はたいへん好きです。

一日が過ぎれば一日減ってゆく君との時間　もうすぐ夏至だ　永田和宏

がんに倒れた妻を詠《よ》む。その河野さんは、最期にこんな歌を詠んでいます。

手をのべてあなたとあなたに触れたきに息が足りないこの世の息が　河野裕子

俳句や短歌をたしなむことは、日々の暮らしの中に気づきを探し、その気づきを適切にすくいとる言葉を探すことです。日常、私たちが使っているのは、いわば手垢がついた言葉であり、それを落としていく必要があります。

日常から一歩踏み込んだ奥深い感覚世界を広げていきたい人に最適です。

創作はもちろんすばらしい。名句・名歌を味わうことでも語彙力が高まり、感覚世界が広がります。

コラム　ちょっとひとやすみ⑤――俳句、短歌文化の広がり

あらためて意識してみると、俳句や短歌の投稿は、実にさまざまなところで行われています。新聞には毎週必ず掲載される俳句・短歌の投稿欄があります。テレビやラジオでもやっています。自治体とか何かの協会が募集しているものもたくさんあります。私は『ＮＨＫ短歌』（Ｅテレ）という番組にゲスト出演したことがありますが、全国から投稿があり、どれもとても味のある短歌で驚いたことがあります。

結社に所属している人、自己流の人、さまざまだと思いますが、本格的に俳句人口、短歌人口を調べたら、いったいどれくらいになるのか非常に興味があります。

『プレバト!!』（毎日放送）という番組があります。いろいろなカルチャーで、芸能人の方たちの才能の有無を先生が査定する番組で、とくに人気が高いのが俳句コーナーです。梅沢富美男さん、ＦＵＪＩＷＡＲＡのフジモンさん、東国原英夫さんなどがとても上手。「ほお、うまいなあ」と、思わず手帳にメモってしまうこともあります。

講師役の夏井いつき先生の添削がまた面白い。厳しいことをズバッと言う。そして夏井先生の手直しによって、平凡な句が見違えるように変わる。プロの手直しは鮮やかなものだと感心しつつ、やはり何かを始めるときはいい案内人がいることが大事だと実感します。

あの番組を観て「自分も俳句を詠んでみたい」と思って、作句を始めた人もいらっしゃると思います。

俳句を始めた人は、「何をしていても、何を見ても、つねにいい句をひねり出すことが頭から離れない」と言います。17音に、今の自分のエネルギーをギュッと注ぎ込む。頭も使うし、夢中になって時間を過ごす。でもあまりお金はかかりません。

日本人は、身体に七五調のリズムが馴染んでいます。音のリズムが心地いいのです。同じ七五調でも、俳句、短歌、川柳、それぞれ世界観は違います。

いろいろ挑戦してみると、自分はどういう表現形態がしっくりくるのかがわかってきます。そして、自分でいざ創ってみると、その道の優れた人たちの作品が、いかに素晴らしいか、また細部がよく見えるようになり、それもまた楽し、なのです。

CHECK! ㊶

もう一度、学び直してみたいことがありますか？

「リカレント（学び直し）」という言葉が話題になっています。

大人になって再び勉強し直したいという人たちのために、高校の教科書の内容をまとめ直した本も、かなり需要があるようです。有名なのが、山川出版社の『もう一度読む』シリーズです。とくに日本史や世界史、地理などが売れています。

学び直しをしたいという人のほとんどが、「昔よりも今のほうが『学びたい』という気持ちが強いし、実際やってみると面白い」と言います。

古文も、「中学・高校時代は文法が苦手で好きではなかった」けれど、今あらためて古典文学としてじっくり味わってみたいという人は多いです。

昔はよくわからなかったことが、スーッと理解できるようになっている。あるいは、当時理解できたことでも、「ああ、そういうことだったのか」と新たな気づきがあり、

「掘り起こし感」がある。学校を出てから何十年も経《た》ってやり直してみると、勉強とは案外楽しいものだと気づくわけです。

「あらためてやる」「再びやる」ことで、新鮮な驚きや面白さを感じ取れるのが、歳を重ねてからの学び直しのいいところです。

大人になって、なぜ古典をもう一度読んでみようと思うのか。それは昔勉強したことがあるからなのです。当時はイヤイヤながらだったかもしれないですが、一度は読んだことがある。少しは覚えている。

つまり、素養があるから、その気になれるのです。すでにちょっとは知っていることを再びやり直すことで、あらためてハッと気づく。そのときに、脳の中にパッと明かりが灯《とも》るような感じ、視界がパッと開けるような感覚が生まれるはずです。

受け身ではなく、自発的に新たに何かを得たという感覚が、大人の学び直しにはあります。その学び直しのために、子ども時代、種が蒔《ま》かれていたのではないかと思うと、勉強というものの持つ意味に納得できるのではないでしょうか。

「あらためてやり直す」――その魅惑の扉については、第3章でも詳しく述べます。

CHECK!――――㊷

速読ではなく、あえてのスローリーディング、やっていますか？

40代までは、何をするにしても、いかに迅速にやるか、つまり「スピード」を意識することが多かったと思います。

このあたりでそろそろ、時間に追い立てられる感覚から抜け出すことも必要です。

たとえば、雰囲気のいいカフェ、趣味に合った音楽が静かに流れているようなところで、ゆったりと好きな飲み物を飲む。スマホを開いてSNSをやったりするのではなく、本を読んだり、考え事をしたりする。

家の中の自分のスペースにひとりで閉じこもるのではなく、周囲の会話が適度に聞こえてきて、いろいろな人の動きも視界に入る中のほうが、案外、自分という「個」の存在を強く意識しやすいものです。

旅行も、あちこちをせわしなく観光してまわるのではなく、のんびりとその土地らしい風物を味わう。そんな旅がしっくりとくる年齢になってきています。

読書の仕方も、情報を得るためにスピーディに読む速読術とは別に、「スローリーディング」をしてみると、メリハリがついてまた面白いのではないでしょうか。一日何ページずつと決めて、毎日、新聞の連載小説を読むような感じを味わうのです。

私は長編小説を楽しむときに、このやり方をよくします。「この先、どうなっていくんだ？」とどんどん読み進めたくなる気持ちを堪《こら》えて、毎日少しだけ読み進める。そうすると、ワクワクドキドキしながら、その本の世界を楽しむ時間が長くなるわけです。一気に数日で読み終えてしまったら、楽しみが終わってしまう。それではつまらないから、1カ月、2カ月かけて、じわじわ、じっくり楽しみに浸るわけです。

私は高速スピードでサクサクとたくさん読むことも推奨していますが、じっくり時間をかけて味わったものは、身体に染み込んでいくような感覚があります。そういう味わいを楽しめるようになるのは、やはり人生後半以降だと思います。

これまで読もうと思いながらも、なかなか手が伸びなかった本も、スローリーディングで数カ月かけるつもりで読みはじめるのにちょうどいいのではないでしょうか。

CHECK!―――――――――――――――――――――㊸

読みたい本、観たい映画などの「仕込み」を始めていますか？

私は、いずれ時間ができたら読みたいと思っている本、観たいと思っている映画DVDを溜め込んでいます。それらを読んだり観たりする時間をザッと計算してみると、どう考えても「自分の人生の持ち時間」をオーバーしてしまっています。

しかし、自分を活気づけ、楽しませてくれるものが大量にある、と思えることは、心を落ち着けてくれるのです。

もともと、「今読みたい」「今観たい」と思って購入していたわけですが、時間に追われてなかなか手を伸ばすことができず、どんどん溜まっていく。それで、あるときからこれは「まだ読めていない本の山」ではなく、「いつか読むための本の山」と考えることにしました。「今後の楽しみ」がこんなにあるんだと思うと、ストックされていく本やDVDの山が愛《いと》おしく思えるようになります。

歳をとってから、「毎日やることがない」「何のために生きているのかわからない」という日々を迎えずに済む、自分の老後を心豊かにしてくれる「友」だという気持ちになっていきます。楽しみなことが自分の残り時間を上回るほどあると、「もっと長生きしたい」という気持ちにもつながります。

これからの自分の楽しみ、喜びのための「仕込み」を始めるという意識を持ってみましょう。

「これをやらずに死ぬのはもったいない」と思うものをいろいろ考えてみてください。内藤陳さんの『読まずに死ねるか！』（集英社文庫）という本のように、これを読まずには死ねないな、と思う本がどのくらいありますか。映画はどうでしょうか。自分の目でしかと観ておきたい美術作品、自分の耳で聴いておきたい演奏、旅行してみたいところ……。50代からは仕込み感覚で考えてみるといいと思います。

そういうものがたくさんあることが、生きる意欲になります。いつまでも、歩きたい、動きたい、見たい、聞きたい、嗅ぎたい、触りたい、食べたいものがある人は、生きることにひたむきに向き合うことができるのです。

CHECK! ㊹

本を「積ん読」で終わらせないコツ、知っていますか？

いつか読むつもりで「仕込み」をした本も、溜め込んだだけで読まずに終わってしまったら意味がありませんね。それを防ぐためには、「少し味わっておく」ことです。それがどんな「薫り」を持つものなのか、少しだけ知っておくのです。

コーヒーでも、ワインでも、一度その芳香を味わって「これ、いいなあ」と感じるから、「また飲みたい」と思う。本にしても同じで、ほんの少しでもその薫りに触れた記憶があることで、それを堪能する楽しみが倍増します。

たとえば、プルーストの『失われた時を求めて』(光文社古典新訳文庫)は名作の誉《ほま》れ高い作品ですが、長いので一度に読もうとすると苦しい。「積《つ》ん読《どく》」になりやすい作品です。そこで、有名な紅茶とマドレーヌのところだけでも読んで、「これがプルーストか」とその薫りを味わっておくのです。そうすると、「ああ、あの薫りにじっくり親しんでみようか」と手が伸びやすくなります。まったく知らないままだと、心が動きにくい、とっつきにくいのです。

ドストエフスキーの『罪と罰』（光文社古典新訳文庫）だったら、ラスコーリニコフが自分の犯した殺人の罪をソーニャに告白する場面だけでもいいでしょう。「これがドストエフスキー・ワールドか」と知っておく。

では、簡潔にあらすじをまとめたものを読んでおいたらどうなのか。ストーリーを知ることはその作品の情報を得ることにはなっても、書き手の言葉の力に触れるものではないので、心は動きません。薫りと味は、自分で直に体感しないとわからない。短い部分でもいいから、ハイライトの場面を実際に読むことが大事なのです。

極端な話、セリフのひとつ、金言のひとつを知っておくだけでもいいのです。エッカーマンの『ゲーテとの対話』（岩波文庫）には、ゲーテの金言、名言が豊富に詰まっていますが、たとえば「人はただ自分の愛する人からだけ学ぶものだ」といった言葉に触れたら、この本を通じてゲーテの言葉を味わうことが待ち遠しくなります。

本物の輝き、本物の香気に触れておく、これが秘訣です。

CHECK!　㊺

「読む」「観る」「聴く」と、多面的に楽しんでいますか？

あるものをひとつの視点から知るだけでなく、複合的、多面的に知っていくと、相乗的に興味が深まり、どんどん面白くなっていきます。

たとえば、2017年にはブリューゲルの「バベルの塔」展が東京と大阪で開かれました。観に行かれた方も多いでしょう。私も実際観て、衝撃を受けました。こういうきっかけがあったら、この機に『旧約聖書』を読んでみる。とりあえず「創世記」のバベルの記述のところだけでもいいのです。

伝説を題材にしている幻想世界でありながら、実に大勢の人々が塔を建設するために働いているさまにリアリティを感じ、絵の前から離れられなくなります。聖書のエピソードを知らずに観るよりも、知って観たほうがググッと心が惹きつけられます。

あるいは、『新約聖書』を読んだうえで、バッハの「マタイ受難曲」を聴く。活字で読んだキリスト受難の世界観を重厚な調べで聴くことで、感性に訴えかけてくるものはまったく違ってくるはずです。

「マタイ受難曲」はリヒター指揮、ミュンヘン・バッハ管弦楽団演奏のものが名盤として知られています。それを聴き、さらに他の指揮者、オーケストラが演奏したものと聴き比べたりすると、「指揮者の解釈で音楽がこんなに変わるのか」と驚かれることでしょう。それがきっかけでクラシックにハマる人もいるかもしれません。

では、日本におけるキリスト教と受難に興味を持ったら、遠藤周作の『沈黙』（新潮文庫）を読み、それからマーティン・スコセッシ監督の映画版も観る。

本、絵画、音楽、映像、さまざまな角度から複合的に味わえる、それが文化の豊饒さだと思います。

自分はキリスト教には関心がないと思っていても、このようにセットでいろいろ知ると、「これを知らずにいたなんて、もったいないなあ」と思えてくるでしょう。

そのものの魅力をいかに深く味わうかは、自分がどれだけ多彩なアプローチができるかにもかかっているのです。

CHECK! ⑯

人と「息を合わせて」何かをやっていますか？

日常の中には、「人と息が合う」心地よさがあります。

たとえば、テニスをするとき。上手な人に相手をしてもらうと、ラリーが長く続きます。うまい人は、相手の打ちやすいところにボールを返してくれ、息を合わせてくれるからです。

合唱する、あるいは楽器のセッションをする。これもただ歌う、演奏するだけでなく、人の出す声や音とハーモニーが重なることで、快感が増幅します。

踊りが楽しいのも、息を合わせてやるからです。社交ダンスでも、ヒップホップダンスでも、盆踊りでも、一緒に踊ると楽しい。

アーティストのコンサートやライブで、一緒にリズムをとって身体を動かしたり、拍手をしたり、声を合わせて一緒に歌ったりすると、一体感がますます高まって盛り上がります。

息が合って人との調和を図ることができている、自分がその一部となれていると、人は比較的幸福感を覚えやすいのです。

実は、マッサージや指圧というのも、息が合っていることがとても大切です。マッサージを受ける側の人が息を止めてしまうと、身体がゆるまず揉《も》むことはできません。また、マッサージをする人が相手の呼吸のリズムを無視して一方的にぎゅうぎゅう押しても、受け手は気持ちよくありません。

する側、される側、両者の息が合えば、強く押しているわけではないのにスーッと押せるようになる。手が押しているのか、身体に手が押されているのかわからない状態です。そうなると、お互い気持ちよく、身体の凝りもほぐれていきます。

「人とコミュニケーションを取らなくては」と頭で考えるのではなく、身体の感覚で人との「調和」を意識することを、人生後半のひとつのテーマにしてみてください。

まずは、誰かと息を合わせる活動を何かしてみましょう。

孤立感、孤独感から解放される快感を味わってみてください。

CHECK!　㊼

今、「世話を焼く」対象がありますか？

子育てが一段落して、子どもが手を離れると、親としては少し寂しさを感じます。なりわいとしての仕事においても、先に述べた役職定年など、自分の存在が今までと変わり、一抹の寂しさを感じることがあります。そんななかで「私が世話を焼かなくては」と思えるものがあることは、自分を非常に支えてくれます。

世話をすることも、何かに対してエネルギーを差し向ける活動、生を充実させる行為です。「面倒くさいけれども、放っておけない」「これは自分でなければできない」と思えるのは、幸せなことなのです。そういうものをぜひ見つけてください。

たとえば、ペットの存在が、生きる張り合いになる人もいます。

ガーデニングや家庭菜園など、植物を育てることが張り合いになる人もいます。手をかけることで、木々が元気になる。美しく花が咲く。みずみずしい野菜ができる。

イキイキとしたエネルギーが目《ま》の当たりに感じられます。

子育ては、人類の仕事の基本です。人が育たなければ社会は立ち行かない。子育て経験を活かして、今度は孫の世話に関わる。あるいは、父親として子育てにあまり積極的でなかった人は、その悔いと反省をこめ、「イクジイ」として孫育てに関わるのもいいかもしれません。

子育てでなくとも、何かの世話（ケア）をすることは精神にとって大切です。エリクソンという心理学者も「ケア」の重要性を説いています。

家族の介護についても、「できることはとことんやった」と言いきれる人は、その家族が最期を迎えたときに受け入れやすいようです。「親孝行したいときには親はなし」という言葉もあります。

順繰りにまわっていく命のリレーの中で、支え合い、助け合うことは、いずれ自分が「世話をされる立場」になるときのための予行演習ともいえます。

最近は介護離職という問題も出てきていますが、共倒れしてしまわないように、他者の助けを借りるという発想を持つこともまた、上手に乗り切る秘訣だと思います。

CHECK!　㊽

何かを「伝える」「遺す」ことを意識していますか？

50歳を超えたら、若い世代に対して自分は何が伝えられるか、何が遺《のこ》せるかということも考えたいところです。

教育とは、実はこれを職業としてやるものです。

私は教師を目指す学生たちに、「教師とは、連綿と積み重ねられてきた人類の文化の継承・伝達者なのだ、そういう意識を持とう！」と言いつづけています。

しかし、これは何も教師に限ったことではありません。誰もが、自分の知識や技術など伝えていくべき何かを持っているはずなのです。

生きていることの意味を、自分に限定して考えずに、何を伝えられるかと考える。

人生後半は、それを明確にしていく時期です。

剣豪として名高い宮本武蔵が真剣勝負をしていたのは、28、29歳ごろまでです。自分の剣術を普遍的な兵法としてとらえられるようになったのは50歳を過ぎてからで、60歳のときに『五輪書』を書きはじめました。武蔵は執筆に2年の歳月をかけ、完成後に亡くなります。

人を斬るための奥義が、なぜ現代まで読み継がれているのか。何かの道で鍛練を積んで上達を目指すときの心得として、非常に参考になるからです。武蔵が「伝え遺そう」という気持ちに至らなかったら、私たちは『五輪書』の内容を知ることはできなかったのです。

同じことが『風姿花伝《ふうしかでん》』でもいえます。観阿弥《かんあみ》、世阿弥《ぜあみ》の能に対する考え方が門外不出のままであったなら、芸道への透徹した精神を知ることができませんでした。

あなたはどんなことを伝えることができるでしょうか。

書道が得意なら、子どもたちに教えるのもひとつの方法です。胸を打ついい言葉を揮毫《きごう》することもまた、書を用いてできる伝え方のひとつです。

もっと身近なこと、たとえば、方言、お祭りや年中行事のやり方、郷土料理やその家庭ならではの料理など、次の世代にしっかり伝えていきたいことはたくさんあります。

コラム　ちょっとひとやすみ⑥——教える楽しさを味わう

「伝える」「遺す」ことを考えるときには、自分は「何を教えることができるか」という視点を持ってみるといいのではないでしょうか。

「教えていただけないでしょうか？」

こう言われて、嫌な気持ちになる人はまずいません。人は自分の知っていること、できることを誰かに教えたいという根本的欲求を持っています。

私はよく「ふたり一組になって、相手に教えてあげてください」ということをやってもらいます。一方が教えたら、次は交代してもう一方の人が別のことを相手に教える。テーマは、今覚えたことだったり、読んだ本の内容だったりさまざまです。

吉田松陰は、野山獄《のやまごく》という牢にいる時、囚人同士が互いに得意なことを教え合う場をつくり出しました。

相手に理解してもらうには、自分自身よく理解していないといけない。あやふやなことは、言葉にして説明できないからです。誰かに教えることを意識すると、知識をインプットする段階から、単なる受け身ではなくなります。みんなどんどん能動的になっていきます。そして何回か練習していると、どんどん教え方がうまくなっていく。「教えるのって楽しい」と思えるようになるのです。

教えるのがうまい人、へたな人がいるわけではありません。わかってもらえるように伝えるスキルを、積んでいるかいないかの違いだけなのです。

人に教えることは楽しいと思うようになると、その能力を発揮する場が欲しくなります。そういう場があると、自己肯定感や自信が持てるようになると同時に、自分が人の役に立つことができている、世の中に貢献できているという喜びも湧きます。いろいろな人と触れ合って過ごすことで、刺激も得ます。

教える側も、教えながら教えられていることがいろいろあります。

人に何かを教えることを生きがいにできた人は、お歳を召《め》されてもみなさんとてもイキイキ、ハツラツとしています。

教えることがその人自身の循環もよくし、社会の循環もよくしているからです。

CHECK！──⑲

「あの人のようになりたい」と思える、理想の人がいますか？

生き方に正解、不正解はありません。どんな人の生き方に憧れているのかは、自分自身がどう生きたいと思っているのかに通じます。

ロールモデル（手本）がいると、心が揺らいだときにも「自分がお手本としたいあの人だったら、こんなときにどうするだろうか」と具体的に考えをめぐらせ、自分のブレを修正しやすくなります。理想とする人を何人か心に住まわせておくと心強い。

私が後半生の理想としているのは、ソクラテス、孔子、ゲーテの3人です。

ソクラテスは、いわれなき罪を着せられ、死罪を宣告されます。脱獄することもできたのですが、不正は犯したくない、自分には恐れるものは何もないと言って、自ら毒杯を仰ぐ。そこには、恨みも衒《てら》いも執着も欲もない。そういう生き方、人格の大きさを見習いたいからです。

孔子には、こう生きるべしという強い信念がありながら、柔らかく他者を受け入れる姿勢がありました。孔子の人生もまた順風満帆な道とは言えませんが、それを恨むわけでもなく、多くの弟子に慕《した》われました。

孔子の姿勢とソクラテスの姿勢には、相通じるものがあると私は考えています。孔子は「困窮の場に立ったとき、小人は乱れる、君子は乱れない」と言っていますが、ソクラテスの最期はまさに君子のそれです。

ゲーテは、仕事や生き方のヒントを与えてくれます。過去に執着せず、次へ次へと気持ちを切り替えていくと同時に、『ファウスト』のように何度も手を入れつづけていた作品も遺している。物事を重層的にとらえ、歳をとっても創作を楽しんでいたところなどはまさにお手本にしたい心の師です。

「そんな偉人、天才的な人をロールモデルにするなんておこがましい」と思うかもしれません。しかし、自分を小さな枠にはめてしまわないためにも、自分がなりたい姿としてイメージするのは、スケールの大きな一流の人がいい。

本物こそ見習うべきだと思います。

CHECK!――――――――――――――――――――――――― ㊿

リビングウィルを書いていますか？

人生100年時代とはいえ、いつ何が起きるかわかりません。突然病に倒れたり、不慮の事故に遭う可能性は誰の身にもあります。自分が意思表示できない状態に陥ったときのために、蘇生、延命、生命維持に結びつく医療やケアを受けたいかどうかを表明しておくことを「リビングウィル（終末期の医療・ケアに関する自分の意思）」といいます。いざというときのために、書いておくほうがいいと思います。

とくに突然起きたことの場合、家族や周囲の人は動転しがちです。誰もが「助かってほしい」と考え、最善の医療措置を受けさせたいと考えます。自分では「延命治療は望まない」と思っていても、いのちを救うための最善の医療が、結果的に延命のための措置になってしまうこともあります。書いておくだけでなく、どういう医療やケアを受けたいのかを家族と話すことも、幸せな人生の幕引きのために必要なことです。

第3章——「いろいろあった人」のための幸福論

健康寿命は男性72歳、女性75歳

終章では、人生の後半において何を目指して生きていくのがいいのか、50歳から考える人生の幸福とはどういうものか、ということを中心に述べていきます。

第1章で私は、50歳からの25年を、人生の第3期にして「黄金期（ゴールデンエイジ）」だと考えよう、この時期に自分の価値観に即した「魂が喜ぶ生き方」を見出していこうと書きました。

寿命はどんどん長くなって人生１００年時代に突入しているものの、私たちが健康に活動できる「健康寿命」の延びは、実はそれほど著しくありません。健康寿命とは、日常継続的に医療や介護に支えられなくても生活できる年齢を指し、現在の日本では男性が72歳程度、女性が75歳程度といわれています。

この「健康上の問題がない状態で、日常生活を送ることができる期間」が、すなわち人生の第3期にあたるというイメージです。そこから先も健康を維持しつづけ、元気に活動できるのであれば、この時期はどんどん延びます。

昨今、90代を超えても活躍している「スーパー高齢者」の方が増えていますが、そういう方たちは巧みに第3期のゴールデンエイジを延長しつづけているわけです。

一方で、この期間が長くなればよくて、短いからよくない、とも言えません。大切なのは命の長さではなく、現実的な充足感や幸福感です。

人生最初の25年、第1期は、何かと「出来がよいか悪いか」ということに左右されます。勉強ができるか、運動ができるかというように、何かがうまくできるかどうかで、いろいろなことが思い通りになったり、ならなかったりします。

25歳から50歳の第2期も、おおむねそうです。出来不出来によって、夢がかなったりかなわなかったり、収入がよかったりよくなかったり、そんなことの連続です。みなさんも、いろんな悔しいことがあったのではないでしょうか。

しかし、人生の第3期以降は、そういった他者との生存競争から外れたところで生きていけるようになります。自分の意志、自分の価値観のもと、自由に動けるようになる。

たとえ出来があまりよくないことでも、自分がやりたかったらやればいい。人に迷惑をかけるようなことさえしなければ、思う存分楽しんでいい。そういう自由を獲得できるようになるのです。

この時期を充実して過ごせると、人生を振り返ってみたときに「いろいろあったけど、まあ、いい人生だったなあ」と思えてきます。

今に満足できると、過去にさかのぼって自分の歩みを肯定できます。

自分の人生をまるごと受け入れられることで、幸福感が湧いてくるのです。

これまでうまくいかなかった人こそチャンス

「終わりよければすべてよし」という言葉がありますが、人生もそうだと思います。途中でうまくいかないこと、苦しいことがあっても、最後の仕上げ段階を納得いくものにできれば、幸福な人生だったと思えるようになるのです。

いろいろな出来がよくて、人生の第１期、第２期に華やかな栄光のあった人、社会的な立場も高くなり、経済的にも恵まれ、周囲からうらやましがられていたような人でも、第3期を迎えてから自分の居場所を見つけられなかったら、人生に対する肯定感が下がります。

「あのころはよかったなあ（今は毎日が退屈だ、つまらない……）」
「昔は自分の周りは賑やかだった（なんでこんな寂しくて惨《みじ》めなことになったんだ……）」

こんな思いがあると、過去がどんなに素晴らしかったとしても、人生に対する幸福感、満足感は薄くなってしまうのです。

逆に、これまで人生がうまくいかないことばかりだった、お金もたくさん稼げなかった、世の中は理不尽だと不満に思って生きてきたという人も、ここで自分がエネルギーを注げるものを見つけられれば、スイッチを切り替えられるのです。

これまでのこともすべて意味があったのだと受け入れるためには、今に満足感を持てることが大事です。現在を肯定して過ごせると、これからのことに対する不安も和らぎます。

だから、第3期を黄金期――ゴールデンエイジにできれば、人生はあらかたうまくいったと考えられるようになるのです。

身軽になれ。「本当の自分」を生きよ

自分の人生を幸福にできるかどうかは、50代からの考え方と行動次第です。

これまでの人生、出来不出来で評価されることの多い社会の中で、いろいろ折り合いをつけながら生きてきたと思います。

「組織の一員としては、こうすべきだ」「ここで勝ち抜くためには、こうすべきだろう」「家族の幸せのためには、こうすべきだろう」といった判断のもとに、常識的に生きてきた人が大多数でしょう。

もちろんその生き方が間違っていたということではありません。

しかし、ここからの人生はそうではなく、「本当の自分」を生きる時代です。

今まで背負ってきたものをひとつ、またひとつ下ろして、身軽になる。

そして、自分の意志で自分の思うように生きる。

何も非常識になりましょう、と言っているわけではありません。社会通念、社会常識とされていることにとらわれて、自分を枠にはめて生きることをやめようという意味です。

もちろん、これからも社会の一員でありつづけるわけで、精力的に仕事をし、家族のことを考えることは当然ながら必要です。ただ、「生活のために」「家族のために」と考えるのではなく、自分の気持ちが動くからやる、エネルギーをそこに差し向けたくてたまらないからやる、という方向にシフトするのです。

たとえば、役職定年で肩書がなくなった、あるいは、かつての部下の管轄下で働くことになったとしましょう。そのような状況でも、「自分は、この仕事が好きだから、肩書なんかどうでもいい。収入が多少減ってもやりつづけたい」と思えれば、イキイキと働くことができます。

定年後の再雇用も同じです。まだまだ働かなくてはいけないからと、仕方なく状況を受け入れるのではなく、そこに自分自身の気持ちを投影させる、意志を明確にすることで、もののとらえ方は変わってきます。

自分基準で生きる。

毎日を「やらなくてはならないこと」で埋めるのではなく、自分が「やらずにはいられないこと」「やりたくてたまらないこと」で埋めていく。

自分が主体的、能動的になれることで充たそうとすると、本当の自分、自分らしい姿が自ずと浮き彫りになるはずなのです。

とらわれない心を獲得するために古典がある

では、「本当の自分」へと脱皮するためには、どうしたらいいのでしょうか。

自由な精神をわがものにするためには、とらわれを捨てることが大切です。50代からは、さまざまなものへの「とらわれ意識」を削ぎ落としていきたいところです。

人からどう思われるかと評判や世間体を気にする気持ち。

過去の功績や自分の得ていた権益へのこだわり。

人を恨んだり嫉《そね》んだりする感情。

——そういったものを削ぎ落としていくことが望ましいわけです。

そこで大いに役立つのが、哲学書や生き方の指針を示してくれる古典の名著です。古来、「どう生きたらいいか」ということを真摯に考え抜いた、先人たちの叡知《えいち》に富んだ言葉にあらためて触れる。

若いときに触れたことのある考え方も、50歳になってあらためて読むと、感じるものが変わってきます。

たとえば、『論語』。誰もが耳にしたことのある「吾《われ》十有五《じゅうゆうご》にして学《がく》に志《こころざ》す」という章節があります。「三十にして立つ。四十にして惑わず。五十にして天命を知る。六十にして耳順《したが》う。七十にして心の欲する所に従って、矩《のり》を踰《こ》えず」と続きます。

40歳になって迷いがなくなり、50歳で自分の天命を知る。天命を知ったその先に「耳順がう」「矩を踰えず」境地があると言われても、若いときにはあまりピンとこなかったと思います。しかし、50歳になって読むとそこが理解できるようになっているはずです。

これは、心はこのように成熟していくということです。天命を知ることは人生のゴールではなく、むしろそこから先、もっと柔軟なあり方が拓《ひら》けている。

60歳になると、我を誇示するような気持ちを捨てて、人の言葉に耳を傾けることができるようになる。

70歳になると、自分の判断で自由にやっても、道を外すことがなくなる、つまり世の中に善《よ》きことを行えるようになる。

そこに思いを致すことができるようになるのは、50歳近くになってからでしょう。孔子は何を伝えたかったのでしょうか。私は、「そういう境地に至るには、日々研鑽する気持ち、学びつづける気持ちを持つことが大事だね」と教えてくれているのだと読み解いています。

昨今はアンチエイジングという言葉が世の中に氾濫していますが、心は逆で、エイジングによって醸成され、奥深くなっていきます。

みなさん、これまでいろいろあったと思います。その人生経験を経て、歳を重ねたことで、「ああ、そうか」と深く心に染み入ってくる。エイジングがあるからこそ、理解する精神の弾力性がついてきて、古《いにしえ》の賢哲《けんてつ》の言葉が心に響くようになってくるのです。

人生の後半の生き方を考えるようになったときに、古典を繙きたくなるのは自然なことです。

20代でも理解することはできますが、本当に古典を深く味わえたり、人生の指南書として活《い》かせるようになったりするのは、50代からだと言えます。

地位、名誉、金銭への執着を捨てるためにできること

たとえば、仏教の教えの基本に、執着を離れることがあります。

地位、名誉、金銭、物質、さまざまな欲望を削ぎ落していくことで、心の平穏を得る。そういう心の整え方です。

世の中を捨てて仏門に入る人は、それらの執着を手放していくことが修行の道になるわけですが、浮き世を生きていく私たちは、なかなかそこまで無執着にはなりきれ

ません。また、欲や執着があるから、「これを手に入れるために頑張ろう」と意欲が湧く面もあるでしょう。執着心がなくなったことで、前に向かっていくエネルギー、活力がなくなってしまうようでは、それはそれで困ります。

古代インドの大叙事詩『マハーバーラタ』の中に、「バガヴァッド・ギーター」という一編があります。賢者クリシュナが、現世の義務を果たしつつも解脱に達する道を説くというものです。

あなたの職務は行為そのものにある。決してその結果にはない。行為の結果を動機としてはいけない。また無為に執着してはならぬ。

執着を捨て、成功と不成功を平等（同一）のものと見て、ヨーガに立脚して諸々の行為をせよ。ヨーガは平等の境地であると言われる。

（『バガヴァッド・ギーター』、上村勝彦訳、岩波文庫）

「結果を動機とする行為」とは、「報酬としてこれがもらえるからやる」「これが成功しそうだからやる」といったことです。クリシュナは、結果に執着してはいけないと言っている。成功、不成功を考えずにやる。この世に生まれたからには、結果にとらわれずに、自分に定められた仕事をひたすら遂行しなさい、ということです。

ヨーガというと、健康や美容のための行法をイメージされるかもしれませんが、古代インドにおいては、さまざまな鍛練法により精神を統一することを指していました。心を平静に保つ境地に至れば、行為が成功しようと失敗しようと変わりはないととらえることができる、と言っています。

結果を動機としないで行う――。

このシンプルなメッセージは、現実社会の中で生活をしながら執着を落としていくための大切な一歩だと思います。

「悔い」の力が挑戦心を生む

50歳からの過ごし方を考えていくうえで、私は「あらためて」というのがひとつのキーワードになると考えます。

「本当はこうしたかった」

「他の方法もあったのに、当時はそのことに気づかなかった」

「悔い」が残る経験というものが、誰にでもいくつかあると思います。今なお心の片隅でくすぶっているようなことも、けっこうあるのではないでしょうか。

その悔いにケリをつけるため、いま一度あらためてチャレンジしてみるのです。悔いの感情をパワーの源にする。心の痛みや苦しみ、挫折感などの感情があることで、「今度こそ」という気持ちがかきたてられます。

私は、50歳のときにチェロを習いはじめました。音楽を聴くのは大好きですが、自分自身、何も楽器ができないことに悔いがあったからです。

あるとき、親しい友人夫妻らと集まる機会がありました。私以外はみんな何か楽器が演奏できるということで、当日は楽器を持ち寄ってセッションしようという話になりました。みんなでクラシックの小曲を何曲か演奏してくれたのですが、とてもいい雰囲気でした。弾いているみんなが実に楽しそうだったのです。

聴いているだけだった私は、「ああ、あのとき続けておけばよかった」と昔のことを思い出して後悔しました。

私は小学生のとき、ピアノを習っていたことがあったのです。しかし、小学生の男子にとってのピアノとは、女子の習い事という感覚が強く、カッコいい、面白いとは思えませんでした。それよりは、外でスポーツをするほうがはるかに楽しい。ピアノのレッスンよりも、友だちと野球に興じるほうを優先させたかったので、止めてしまった。

過ぎたことは取り返しようがありませんが、今、行動することで現実を変えていくことはできます。「何も楽器が弾けない自分」から脱却したくなった私は、チェロを習いはじめることにしました。

なぜチェロだったのか。それは、友人たちと演奏を楽しむには弦楽器がいいと思ったことと、宮沢賢治ファンとして、賢治も弾いていたチェロができたらうれしいな、という思いがあったからです。

3年ほどレッスンを受け、「楽器ができない」コンプレックスは払拭《ふっしょく》できました。なんとか数曲は弾けるようになりましたが、どうも自分にはあまり向いていないこともよくわかりました。「やりたい」と思って始めたわけですが、つねにチェロのことを考えている、やらずにはいられない、というレベルのハマり方はできなかったのです。

それでも「チェロを少し弾きます」と言うことはできますし、上手な人たちにリードしてもらって一緒に演奏するのは、とても楽しい。今では年に数回しか弦に触れていませんが、自分がこの道にまったく才能がないことを知ったことも含めて、ひとつの悔いに清々《すがすが》しくケリをつけることができました。

悔いの感情を「酵母」にしてあらためていろいろなことに挑戦していくと、その行為の結果はどうあれ、心が軽やかになっていくことを実体験できました。

「再び力」＝出会い直し、学び直しを楽しむ

第2章で述べたように、50代も後半になると、同窓会など昔の友人と久しぶりに会う機会がけっこうできます。みんな少しずつ時間の余裕ができてくるからでしょう。再会し、旧交を温める。古い友人と会うと気さくにいろいろなことが話せるのは、若いときの何年間かを一緒に濃密に過ごしており、時間がさまざまな感情をいい具合に醸成させてくれているからです。今はそれぞれフィールドが違うことも、競争意識や嫉妬心を抱かずに付き合える理由だと思います。

昔の友人と、あらためて付き合い直すのは、若返った気分になって楽しいものです。この「あらためて付き合い直す」感覚を、人だけでなく、いろいろなことに向けてみるといいのではないでしょうか。

悔いが残ることに挑戦してみるだけでなく、昔好きだったことを、あらためて味わい直してみる。趣味や特技、「昔取った杵柄《きねづか》」を再び、というのもよさそうです。

あらためての出会い、再びの出会いを楽しむ。これを「再び力」と名づけたいと思います。英語で言うところの「re-○○○」、「再び○○○し直す」感覚を楽しむ。本を読み返す、映画を観直す、勉強し直す、あるいは思い出の地を訪ね直す――いろいろあります。再びやることで、そのものの魅力を再確認、再発見する。

そこには、人生の円熟期だからこそ味わえる幸せの種が詰まっていると思います。

「初もの力」＝「初めて」は自分の幅を広げてくれる

「再び」には、知っているからこその安心感があります。ということは、刺激は少ない。いつも馴染みのある場所、安心できる場所ばかりにいるのは落ち着くかもしれませんが、フレッシュな驚き、ドキドキワクワク感は乏しく、自分の世界が広がっていきにくいということがあります。

慣れたもの、よく知っているものだけに染まってしまうのが「これでなければダメ」「これでないと嫌」という固着した発想です。「自分は、ここのこれしか食べない」「こういうものしか見ない」と主張する人は、一見、自分のスタイルを持った人のように見えるかもしれません。ただ、こだわりすぎることは、自分で自分の世界を狭めて、つまらなくしてしまうことにもつながります。

いつもと違うこと、新しいことを受け入れる好奇心、心の柔軟性を得るためにも、「初めて」のこともほどほどに楽しんだほうがいいわけです。

たとえば、お寿司を食べようとしたら、いつも行く馴染みの店が臨時休業だった。そんなときは新しい挑戦をするいい機会だと考える。お寿司屋さん以外の、馴染みの店に行くのではなく、新しい別のお寿司屋さんへ行ってみる。「おっ、ここもけっこういいね」ということになったら、大きな発見です。他にもいい店があることを知り、今後の選択肢がひとつ増えたわけですから。そして、よそに行くことで、それぞれの店の良さを知ることもできたと考えることもできる。

「やっぱりいつもの店のほうがいいね」ということだったとしても、それもひとつの気づきです。新しいところに行ってみたから、いつもの店のこういうところがいい、と再確認できたのです。

歳をとるとついつい保守的になりがちですが、新しいものに出合うことはある程度の比率で必要です。馴染みを大事にしつつも、8：2とか7：3ぐらいの比率で、「初めての刺激」を取り入れていくといいのではないかと思います。自分の中の循環を滞らせないため、と考えるといいでしょう。もちろん、もっと刺激が欲しい人は、「初」の比重を高めてもいいでしょう。

初めてのものに向き合うときの新鮮な感覚には、魂が若返る感じ、蘇《よみがえ》る感じがあります。馴染みのあることが「再び力」なら、こちらには「初もの力」とでもいうべき浮き立つような活力があります。初めてのことは、なにげない毎日を豊かに色づけてくれるところがあるのです。

たとえば、初孫が誕生すると、いつもは厳格で硬い雰囲気の男性でも、ニコニコと笑顔で優しい顔になり、「孫というのは、こんなにかわいかったのか」などと言います。新しい命、それも自分と縁続きの命の誕生に接することで、魂が活気づいて浮き立つわけです。初孫というのは、最強の「初もの力」を持っています。

初孫ほど大きな出来事でなくても、これまで行ったことのない場所に行く、やったことのないことをするなど、「初めて」を楽しむ気持ちを持ちましょう。

そして、初めて体験することの湧き立つ気持ちを「今日は初○○をした」と呼んでみる。新鮮な活力に充ちてくるはずです。

「沼」にハマる快感

50歳から自分のエネルギーを上手にかきたてる要素として、もうひとつ提案しておきたいのが、何かに没入する、ハマり込むことです。

特定の何かにハマり込むこと＝「沼」だというお話は第2章でもしましたが、仕事でも趣味でも何でも、とにかく沼にハマる気持ちで一度そこにどっぷり浸かってみることが大切です。

「初もの」を楽しむ感覚が出合いの幅を広げるのに対して、「沼」に沈潜するほうはひとつの世界に深く分け入っていくような感覚です。

これまでに自分のハマったことを何か思い出してみてください。それについて、友人たちの誰よりも詳しかった、細かいことまでよく知っていたのではありませんか。

ハマるというのは、細部にまで神経が行き届くということです。細部が見極められるようになると、さらに面白くなって深く知りたくなっていく。

やはり、そういう快感を味わっておく、知っておくことが大切なのです。

好きでやる趣味だけでなく、仕事でも、一生懸命取り組んでいるうちにそのことに通暁《つうぎょう》して、細部にまでよく神経が行き届く達人になることがあります。深く関わって集中していくと、そこにある面白さにいろいろ気づけます。気づきが多いからやりがいを感じるようにもなるのです。そういう意味で、何かの仕事に没頭するのもひとつの「沼」です。

一生楽しめるようなものを見つけることができたら、それはとても幸せなことです。

昔は何かの世界にマニアックにハマるというのは「オタク」などと呼ばれて、閉じた世界に暮らす人のような見方がありましたが、今はまったくそうではありません。

ネットの活用で出会いの機会が増え、世代も国も超えて共感・共鳴し合ったりできるようになっています。

何かの世界をどっぷりと楽しみながら、人的交流もできる。「沼」にハマると、人生が豊かに耕されていく感じを味わうことができます。

「再」「初」「沼」を楽しむ

①「再び」を楽しむ
②「初めて」を楽しむ
③「沼」を楽しむ

「再」「初」「沼」――この三本柱を持つことによって、自分自身のエネルギーをさらに強い駆動力にすることができます（次ページ図表２）。

「再」は以前からのつながりを大事にしていくことですし、「初」は新しい出会いを受け入れること。「沼」は同好の仲間とつながりを築きやすい。

ひとりで自分の内面を掘り下げていくのではなく、つねに外の世界と絡み、つながりを広げていったり深めていくわけです。つまりこの３つの要素を意識して行動して

図表２　ゴールデンエイジに必要な三本柱

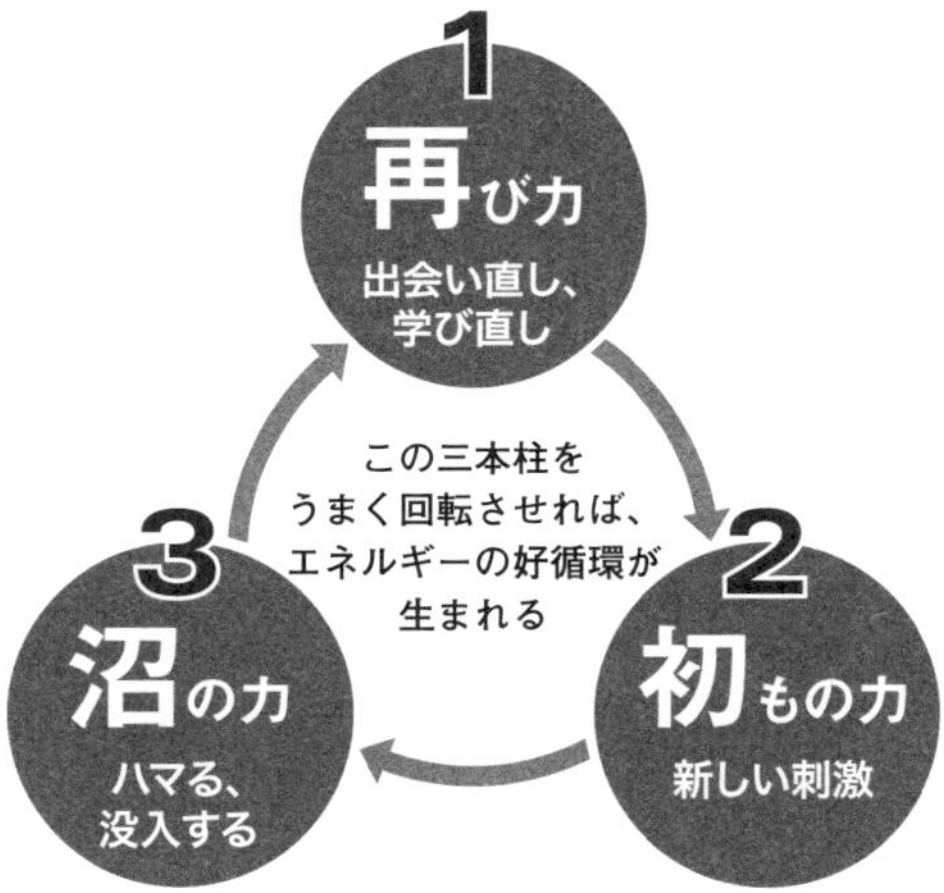

いると、孤立してしまうことがありません。しかも、過去を肯定しつつ、前を向きつつ、共感しながら充実感を味わって過ごせる。そういうサイクルに入ることができます。

これから職業として新たな仕事を始めるにあたっても、自分がやらずにはいられない魂を喜ばせるための仕事でも、趣味でも、ボランティアでも、何でも同じです。あらためてもう一度親しむ感覚、初めてのことを恐れない感覚、沼にハマり込む感覚を持って、事に臨んでみましょう。

50歳以降をゴールデンエイジにしてい

くための駆動力であり、大事な条件です。

大人にとっての「学び直し」はこんなに楽しい！

自分がエネルギーを注ぐものが見つからない場合は、さしあたって何かを学び直してみるのはいかがでしょう。勉強というのは、かつては面白いと思えなかったのに大人になってあらためてやると、「意外と面白いものだな」という発見に充ちています。たとえば、中島敦《なかじまあつし》の『山月記《さんげつき》』は、国語の教科書で読んだと答える人が多い作品です。大人になった今、もう一度『山月記』を読み直す人と、まっさらな状態で読む人とでは、読み直す人のほうが面白いと思えるはずです。

昔はこういうところに気づかなかった、でも今はそこに気づける、深く理解できる。前に読んでいるからこそ、その比較ができる。少しでもその世界観に馴染んだことがあるほうが深く味わえる。昔のほうが細部までよく読めていた、今のほうがわからないということはないのです。

日本史や世界史にしても、古文にしても、英語にしても、学校でやったことがあると、あとあと、「ああ、あれなら知っている」と思える。それが興味を深めるきっかけになります。

先に述べたように、学校教育の意味とは、少しでも触れておくことで、のちのち興味を持ちやすくするため、すべてはその下準備だったのです。

かつては普通高校の生徒の9割が物理を履修していましたが、選択科目になって履修者が減り、今や高校で物理を履修していない人が8割以上になっています。物理離れによって今後、物理関係のニュースへの関心が薄くなっていくことが予想されます。

たとえば、重力波が発見されてノーベル物理学賞を受賞したというニュースに「へえ、すごいな」と反応できる人は、重力波のことを少しは知っている人です。

物理に詳しくなくても、少しでも素養があれば、重力波が発見されたすごさがわかる。

だから、心が動くのです。

知らないことは、何がどうすごいか、そのすごさがわからないから、心が動きません。何かに驚いたり感動したりするためには、そのことについて少しは知っていることが大事なのです。

目指すは飄々とした「叡智の人」

人生経験を積んでからわかる古典のよさについても、もう少しお話ししておきましょう。

『オイディプス王』の生涯により深い感慨を抱けるようになるのは、自分もいろいろな人生経験を踏まえてからです。なぜ名著として長く読み継がれてきたのか、その真価に気づけるのは、人生後半になってからなのです。

俳句や短歌がしみじみと心に沁《し》みるのも、人生後半になってからです。中学・高校時代に百人一首を一生懸命覚えた人がいると思いますが、そのころは覚えることでゲームに勝つという面白さに惹かれていた。それぞれの歌の意味までよくわかっておらず、平安時代の人の気持ちなどわかりようがない、と思っていた方も多いのではないでしょうか。ところが今になると、「ああ、この歌はこういう感情を詠んでいたのか。平安時代も今の時代も、人の心というのは相通じるものなんだな」と共感できる。

よく人生の深みをワインにたとえたり、ウィスキーの熟成ものにたとえたりしますが、50歳とは、大人になった20歳のころから30年近い醸成期間を経たということです。その深みが出る年齢になった。つまり、しっかりとしたエイジングができたということなのです。

人生の経験値によって、物事の本質が見通せる、長年かけて積み上げてきた知恵を「叡知」といいます。

しかし、歳をとればみんなが等しく叡知を獲得できるわけではありません。人によって差があります。豊かで味わい深いことにどこまで気づけるようになるか、自分の経験したことを身に刻んで、たしかに醸成させる生き方ができているか。叡知のありようが、人生の後半の充実度を決めると私は思います。

叡知を身につけるには、つねにいろいろなものを吸収しよう、学びつづけようという向上心を持ちつづけていることも大事ですが、人格的なしなやかさ、柔軟性のようなものも必要だと思います。
　幸田文《あや》に「このよがくもん」（『父・こんなこと』所収、新潮文庫）という随筆がありま
す。
　子どものころ、父・露伴が、文と弟に『論語』の素読のために先生をつけてくれま
した。その先生は、近所に住むご隠居さんでした。このおじいちゃん先生が日曜にな
ると文と弟を呼びに来る。一緒に浅草に出かけて、世の中のことをあれこれ教えてく
れるのです。
　浅草では、地元の人のように街中をスイスイ歩き、時には安来節を見ながら大声で
囃したり、文たちが恥ずかしくなるようなこともする。いわば、酸《す》いも甘いも噛《か》み分
けた人だったのです。
　こういう人こそ、「叡知《えいち》の人」だと思います。
　私も、20年ほど前にそんな味のあるご老人と知り合ったことがありました。いろい
ろな子どもがそのおじいさんの家に遊びに行っていました。子どもは「この人、オレ
の友だち」と、おじいさんのことを呼んでいました。

たいへん教養があり、「何か一筆書いていただけませんか」とお願いすると、宮沢賢治の言葉などをサラサラと筆書きしてくれるような方で、私も楽しくお付き合いさせていただくようになりました。

その方が「隅田川に沿って下町を歩く」という散策ツアーを考えてくれて、近所の親子6、7人で都電に乗って出かけて案内してもらったことがあります。「ここは遊郭で女の人が死んでしまうと運ばれてきたから、投げ込み寺と呼ばれたところ」と解説してもらったり、下町名物のドジョウを食べたりしました。

実に飄々《ひょうひょう》たる歳の積み重ね方だと感じ入った記憶があります。

心の成熟で、自分自身の魂の世話をする

人生後半で何を目指せばよいのか。

本書で繰り返し考えてきたこの問いに、私は「心の成熟を目指す」と答えたいと思います。

一生をかけて、心の成熟を図り、人間性を練り上げていく。

少なくとも、私自身はそういう生き方をしたいと考えます。

孔子の教えで言うならば、これは「徳のある人間になることを目指す」「君子を目指す」ということになります。孔子は、徳とは一生磨きつづけるものとしています。

「ここまで来たら、もういいだろう」というゴールがないのです。

つまり、何をしていても、どういう状態でも、生きている限りつねに自分を磨きつづける心のエネルギーを持っているということです。

それを怠ってしまうと、「今汝は画《かぎ》れり」、つまり、自分の限界を決めつけて、自分に見切りをつけてしまっている、ということになります。

『論語』は、簡潔な言葉の中に、孔子の思想のエッセンスが充ちています。孔子が自分の言ったことをまとめるように命じたわけではなく、孔子の没後、弟子たちが「先生の言葉を集めよう」と考えて拾い上げた、日々の言葉が並べられているものです。

ですから、ひとつの論が展開されているものではありません。しかし、どの言葉にも孔子が何を精神の礎《いしずえ》とし、どう生きようとしていたかという一貫性があります。

徳とは何か、君子とは何か。一言で理解できるものではないだけに、人生後半になって叡知がついてきた人にとって、深みを味わえる「人生の指南本」になると思います。

孔子とソクラテスはほぼ同じ時代の人です。そしてソクラテスが求めつづけたのは「正義」であり「善」であり「よく生きる」ことでした。

ソクラテスは、人間にとって「自分自身の魂の世話」をすることがとても大事なことだとも言っています。

心の成熟を目指し、よく生きることは、まさに自分の魂の世話をすることだと思います。

「よく生きる」というテーマのもとに、自身の心の成熟を求めることこそ、最期のときまで心の平穏と充実を感じつづけることができる唯一の道です。

私自身、孔子やソクラテスのように、ずっと考えつづけ、学びつづけていきたいのです。はたしてどこまでたどり着けるかわかりません。それでも、「ああ、君子の道はやっぱり遠かったなあ、でもこれを目指した生き方は悪くなかった」と思いながら最期を迎えられればいいと考えています。

人生の折り返し地点に立つみなさん、「よく生きる」ことを目指して、毎日を楽しく上機嫌に過ごしていこうではありませんか！

おわりに

人生を幸せに導いてくれる大事な資質、それは「勇気」ではないか――。

私はそう思っています。

能力があっても、ものすごく頑張っても、うまくいかないことはあります。人生とはままならぬものです。それでも、一歩踏み出す勇気さえ持てれば、状況を変えることができます。

何かに果敢にチャレンジする勇気は若いときのほうが旺盛で、歳をとるとしぼんでしまうようなイメージがあるかもしれませんが、実際には歳を重ねると「経験知」が豊富になるので、勇気を出すことがどんどん怖くなくなっていくんですね。

成功体験だけでなく、うまくいかなかったこと、悔やまれてならないことなども、いろいろあった。それらの経験も蓄積されていきます。経験は「判断の物差し」になります。ですから、経験知が増えれば増えるほど、人は新たな一歩を踏み出す勇気を持ちやすくなるのです。

自分の経験が多い分野ですと、先行きが見えやすいですし、その判断も早い。これまでとは違う分野に挑戦するにしても、自分の経験を何らかのかたちで活かしての転身になりますから、無謀な挑戦をして大はずれといった可能性が減ります。

経験知を蓄えた人生後半は、誰しも若いころより「目利き」になっています。自分が経験豊かになったことは自覚していても、それが次の一歩を踏み出す勇気を支えるものになっていることを意識できていない方が意外と多いのですが、ぜひ自分の強み、自分の武器に気づいていただきたいと思います。

経験は力なり――です。

しかし一方で、経験にこだわってばかりいて慎重になりすぎてしまうと、勇気にブレーキをかけてしまうこともあります。そんなときは、自分の頭が、心が、身体が、かたくなっていないかという見地から自己点検をしてみましょう。「やわらかくコミットする身体と心」を持ちつづけること。これは人生後半、とくに大切にしていただきたいことです。

かたい身体、かたい頭、かたい心は、自分を生きにくくしてしまいます。

身体をやわらかくすることで、心も柔軟になります。

頭をやわらかくしておくことで、生き方が柔軟になります。

人生は自分ではコントロールできませんが、自分の身体と心は、自分の管轄下にあります。

「やわらかくコミットする身体と心」が維持できているかどうかは、自分の求める幸福のほうへ向かっていけているかの大切な指針です。

学びて時にこれを習う、また説《よろこ》ばしからずや
朋《とも》あり、遠方より来る、また楽しからずや
人知らずして、慍《うら》みず、また君子ならずや

これは『論語』の冒頭の言葉です。

「学びつづけ、つねに復習する。そうすれば知識が身につき、いつでも活用できる。実にうれしいことではないか。友人が遠くから自分を思い出して訪ねてきてくれる。実に楽しいことではないか。世の中の人が自分のことをわかってくれず評価してくれなくても、怒ったりうらんだりしない。それでこそ君子ではないか」という意味です。

一見、受け身的に思われるかもしれませんが、これを実践していくためには、やわらかな思考力、対応力、そして勇気を持って自分を関わらせていく姿勢が求められます。

この本でも何度か触れてきましたが、『論語』は人生後半の心の「芯」を築くのに最良のテキストです。

人生うまくいくことばかりでなかった孔子ですが、その姿勢は実に柔軟です。

何歳になっても「学びつづける」という意欲を失わない人は幸福であるというのが、私の教育学者としての信条でもあります。学びつづけることが、変化を生み、変化が柔軟性を生み、柔軟性が勇気の源になっていく。学ぶことを軸に後半の人生を構成していくことによって、幸福感は安定したものになると思います。

この本が形になるにあたっては、阿部久美子さんと、光文社の樋口健さんにご助力いただきました。ディスカッションを繰り返すなかでさらに一歩進んだ問いが出てくるなど、チームでのやりとりを楽しみながら、人生後半の幸福論について考える時間を持つことができました。

この本をきっかけに、読んでくださったみなさんがそれぞれ自分なりの幸福論に気づき、これからの人生を笑顔で上機嫌に生き抜いていただけるようになることを願っています。

２０１８年5月22日

齋藤　孝

構成／阿部久美子
図版作成／デザイン・プレイス・デマンド

齋藤孝（さいとうたかし）
1960年静岡県生まれ。東京大学法学部卒業。同大学院教育学研究科博士課程等を経て、現在、明治大学文学部教授。専門は教育学、身体論、コミュニケーション論。テレビなどでコメンテーターとしても活躍している。著書に『座右のゲーテ』『座右の諭吉』『座右のニーチェ』『「意識の量」を増やせ！』『35歳のチェックリスト』（以上、光文社新書）などがある。

人生後半《じんせいこうはん》の幸福論《こうふくろん》　50のチェックリストで自分《じぶん》を見直《みなお》す

2018年6月20日初版1刷発行

著　者 ── 齋藤孝
発行者 ── 田邉浩司
装　幀 ── アラン・チャン
印刷所 ── 堀内印刷
製本所 ── ナショナル製本
発行所 ── 株式会社光文社
東京都文京区音羽1-16-6（〒112-8011）
https://www.kobunsha.com/
電　話 ── 編集部03（5395）8289　書籍販売部03（5395）8116
業務部03（5395）8125
メール ── sinsyo@kobunsha.com

 ISBN 978-4-334-04357-5

940
AI時代の新・ベーシックインカム論
井上智洋

未来社会は「脱労働社会」――。ベーシックインカムとは何か。財源はどうするのか。現行の貨幣制度の欠陥とは。導入最大の壁とは。AIと経済学の関係を研究するパイオニアが考察。

978-4-334-04346-9

941
素人力
エンタメビジネスのトリック?!
長坂信人

「長坂信人を嫌いだと言う人に会った事がない」――秋元康氏。超個性的なメンバーを束ねる制作会社オフィスクレッシェンド代表による仕事術、経営術とは?　堤幸彦監督との対談も収録。

978-4-334-04347-6

942
東大生となった君へ
真のエリートへの道
田坂広志

東大卒の半分が失業する時代が来る。その前に何を身につけるべきか?　高学歴だけでは活躍できない。論理思考と専門知識が価値を失う「人工知能革命」の荒波を、どう越えていくか?

978-4-334-04348-3

943
グルメぎらい
柏井壽

おまかせ料理ではなくお仕着せ料理、味よりもインスタ映え、料理人と馴れ合うブロガー。今のグルメ事情はどこかおかしい――。二十五年以上食を語ってきた著者による、覚悟の書。

978-4-334-04349-0

944
働く女の腹の底
多様化する生き方・考え方
博報堂キャリジョ研

今の働く女性たちは何を考え、どう生きているのか?「キャリア(職業)を持つ女性」=通称「キャリジョ」を徹底分析。多様化する、現代を生きる女性たちのリアルに迫る。

978-4-334-04350-6

945

日本の分断

切り離される非大卒《レッグス》若者たち

吉川徹

団塊世代の退出後、見えてくるのは新たな分断社会の姿だった——。計量社会学者が最新の社会調査データを元に描き出す近未来の日本。社会を支える現役世代の意識と分断の実態。

978-4-334-04351-3

946

日本サッカー辛航紀

愛と憎しみの100年史

佐山一郎

「日本社会」において「サッカー」とは何だったのか。一九二一年の第一回「天皇杯」から、二〇一八年のロシアW杯出場までおよそ一世紀を、貴重な文献とともに振り返る。

978-4-334-04352-0

947

非正規・単身・アラフォー女性

「失われた世代」の絶望と希望

雨宮処凛

「失われた二〇年」とともに生きてきた受難の世代——。仕事・お金・介護・孤独……。現代アラフォー女性たちの「証言」から何が見えるのか。ライター・栗田隆子氏との対談を収録。

978-4-334-04353-7

948

天皇と儒教思想

伝統はいかに創られたのか?

小島毅

「日本」の国名と「天皇」が誕生した八世紀、そして近代天皇制に生まれ変わった十九世紀、いずれも思想資源として用いられたのは儒教だった。新しい「伝統」はいかに創られたか?

978-4-334-04354-4

949

デザインが日本を変える

日本人の美意識を取り戻す

前田育男

個性と普遍性の同時追求、生命感の表現、匠技への敬意。経営危機の自動車会社を世界一にしたデザイン部長の勝利哲学。新興国との競争で生き残るには、一つ上のブランドを目指せ!

978-4-334-04355-1

950
さらば、GG資本主義
投資家が日本の未来を信じている理由
藤野英人

ドン詰まりの高齢化日本に、ついにさまざまな立場から変化の兆しが見えてきた。金融庁の改革、台頭する新世代の若者たち……etc. 現代最強の投資家が語る、日本の新たな可能性。

978-4-334-04356-8

951
人生後半の幸福論
50のチェックリストで自分を見直す
齋藤孝

40代、50代は人生のハーフタイム。今、立て直せばあなたは必ず幸せになれる。人生100年時代、75歳までを人生の黄金期にするための方法をチェックリスト形式で楽しくご案内！

978-4-334-04357-5

952
日本人はなぜ臭いと言われるのか
体臭と口臭の科学
桐村里紗

「におい」は体の危機を知らせるシグナル。体臭・口臭に気付き改善することは根本的な健康増進につながる。におい物質と嗅覚や脳の関係、体臭をコントロールする方法なども紹介。

978-4-334-04358-2

953
知の越境法
「質問力」を磨く
池上彰

森羅万象を嚙み砕いて解説し、選挙後の政治家への突撃取材でお馴染みの池上彰。その活躍は〝左遷〟から始まった。領域を跨いで学び続ける著者が、一般読者向けにその効用を説く。

978-4-334-04359-9

954
警備ビジネスで読み解く日本
田中智仁

警備ビジネスは社会を映す鏡――。私たちは、あらゆる場所で警備員を目にしている。だが、その実態を知っているだろうか？「社会のインフラ」を通して現代日本の実相を描き出す。

978-4-334-04360-5